Los peligros del deleite

Los peligros del deleite

ATRÉVETE A HACER DE DIOS TU MAYOR ANHELO

John Piper

ORIGEN

Título original:
The Dangerous Duty of Delight
Daring to make god your greatest desire

This translation published by arrangement with Multnomah,
an imprint of Random House, a division of Penguin Random House LLC

Primera edición: octubre de 2020

© 2001, 2011, 2020 by Desiring God Foundation
© 2020, Penguin Random House Grupo Editorial USA, LLC.
8950 SW 74th Court, Suite 2010
Miami, FL 33156

Esta traducción es publicada bajo acuerdo con Multnomah,
sello editorial de Random House, una división de Penguin Random House LLC

Traducción: María José Hooft

A menos que se indique lo contrario, las citas bíblicas fueron tomadas de la versión Reina Valera Contemporánea (RVC) Copyright © 2009, 2011 by Sociedades Bíblicas Unidas. Otras versiones utilizadas son Reina Valera 1960 (RV60) © Sociedades Bíblicas en América Latina, 1960. Renovado © Sociedades Bíblicas Unidas, 1988 y Nueva Versión Internacional ® (NVI)® © 1999, 2015 por Biblica, Inc.®, Inc.® Reservados todos los derechos en todo el mundo.

ISBN: 978-1-64473-236-6

Impreso en Estados Unidos / *Printed in USA*

Penguin
Random House
Grupo Editorial

ÍNDICE

«Imagíname con los dientes apretados, persiguiendo la felicidad y armada, además, de pies a cabeza, puesto que se trata de una misión bastante peligrosa».

FLANNERY O'CONNOR

*Hace veinticinco años le dediqué
la versión extendida de este libro,
SED DE DIOS, a mi padre*

William Solomon Hottle Piper.

*La dulce gratitud que todavía siento
hacia él se intensifica hoy por el gozo de
saber que su felicidad es inmaculada
en la presencia de Cristo.*

Nuestro corazón está inquieto hasta que descanse en ti.

SAN AGUSTÍN

Si encuentro en mí un deseo al que ninguna experiencia de este mundo puede satisfacer, la explicación más probable es que fui hecho para otro mundo.

C. S. LEWIS

Prefacio

Estimado lector:

Escribo este pequeño libro porque la verdad y la belleza de Jesucristo, el Hijo de Dios, son algo majestuoso. Junto con el antiguo salmista, sostengo que:

> *Le he pedido al Señor, y sólo esto busco:*
> *habitar en su casa todos los días de mi*
> *vida, para contemplar su hermosura y*
> *solazarme en su templo.*

SALMOS 27:4

Si tú fueras un guía en una excursión turística y supieras que la gente anhela disfrutar de la belleza del lugar —aunque esto signifique arriesgar su vida— y te topas con un imponente barranco, deberías enseñárselos e instarlos a disfrutarlo. De hecho, el ser humano anhela vivir experiencias de asombro y maravilla. Y no existe una realidad más imponente que Jesucristo. Él también incluye un riesgo, pero es realmente asombroso.

Dios ha puesto eternidad en la mente del hombre y llenó su corazón de anhelo. Pero no sabemos qué es lo que anhelamos hasta que conocemos la maravilla de Dios. Esta es la causa de la agitación del universo. De ahí la famosa oración de San Agustín: «Nos has hecho para ti, y nuestro corazón está inquieto hasta que descanse en ti».[1]

> No hay realidad más imponente que Jesucristo.

El mundo tiene un anhelo inconsolable. Intenta satisfacer ese anhelo con vacaciones pintorescas, logros de creatividad, producciones cinematográficas increíbles, hazañas sexuales, espectáculos deportivos, drogas alucinógenas, un ascetismo severo, excelencia gerencial, etc. Pero el anhelo persiste. ¿Qué significa esto? C. S. Lewis responde:

Si encuentro en mí un deseo al que ninguna experiencia de este mundo puede satisfacer, la explicación más probable es que fui hecho para otro mundo.[2]

La tragedia de este mundo es que el eco se confunde con el Grito Original. Cuando le damos la espalda a la majestuosa belleza de Dios, proyectamos una sombra sobre la Tierra y nos enamoramos de ella. Pero eso no nos satisface.

> Los libros o la música, en los que pensamos que se encuentra la belleza, nos traicionarán si nos confiamos a ellos... Porque no son ellos la belleza en sí misma; son tan solo el aroma de una flor que no hemos hallado, el eco de una melodía que no hemos oído, noticias de un país que todavía no hemos visitado.[3]

He escrito este libro porque la asombrosa Belleza *sí* nos ha visitado. «Y la Palabra se hizo carne, y habitó entre nosotros, y vimos su gloria (la gloria que corresponde al unigénito del Padre), llena de gracia y de verdad» (Juan 1:14). Cómo podría no clamar: *¡Observa! ¡Cree! ¡Sáciate!* Quizás te cueste la vida verlo, pero valdrá la pena, porque sabemos de buena fuente que «Tu misericordia es mejor que la vida; por eso mis labios te alaban» (Salmos 63:3). El deleite eterno es un deber un tanto arriesgado, pero no te arrepentirás de la búsqueda. Yo llamo a esto «hedonismo cristiano».

CAPÍTULO 1

Ver el deleite como un deber es controversial

«Hedonismo cristiano» es un nombre controversial para un estilo de vida antiguo.

Se remonta a *Moisés*, quien escribió los primeros libros de la Biblia y presagió cosas terribles si no éramos felices: «Por cuanto no serviste a Jehová tu Dios con alegría y con gozo de corazón... servirás, por tanto, a tus enemigos...» (Deuteronomio 28:47-48 RV60).

...y se remonta también al rey israelita *David*, quien llamó a Dios su «gozo y alegría» (Salmos 43:4); y dijo: «¡Sirvan al Señor con alegría!» (Salmos 100:2); y «Disfruta de la presencia del Señor» (Salmos 37:4); y quien oró: «¡Sácianos de tu misericordia al empezar el día, y todos nuestros días cantaremos y estaremos felices!» (Salmos 90:14); y prometió que el placer más completo y duradero se encuentra solo en

Dios: «...con tu presencia me llenas de alegría; ¡estando a tu lado seré siempre dichoso!» (Salmos 16:11).

...y a *Jesús*, quien dijo: «Bienaventurados serán ustedes cuando por mi causa los insulten... Gócense y alégrense, porque en los cielos ya tienen ustedes un gran galardón» (Mateo 5:11-12); y además: «Estas cosas les he hablado, para que mi gozo esté en ustedes, y su gozo sea completo» (Juan 15:11); y soportó la cruz «por el gozo que le esperaba» (Hebreos 12:2); y quien prometió que, al final, los siervos fieles oirán las palabras: «entra en el gozo de tu señor» (Mateo 25:21).

> «Hedonismo cristiano» es un nombre controversial para un estilo de vida antiguo.

...y a *Santiago*, el hermano de Jesús, quien dijo: «Considérense muy dichosos cuando estén pasando por diversas pruebas» (Santiago 1:2).

y al apóstol *Pablo*, que estaba «como entristecido, mas siempre gozoso» (2 Corintios 6:10 RV60); y describió la intención de su ministerio como «colaborar con ustedes para que tengan gozo» (2 Corintios 1:24); y encomendó a los cristianos regocijarse en el Señor siempre (Filipenses 4:4); y aun «regocijarse en el sufrimiento» (Romanos 5:3).

...y al apóstol *Pedro*, quien dijo: «Alégrense de ser partícipes de los sufrimientos de Cristo, para que también se alegren grandemente cuando la gloria de Cristo se revele» (1 Pedro 4:13).

…y a *San Agustín*, que en el año 386 fue hecho libre de la lujuria y la avaricia en los deleites superiores de Dios. «¡Cuán dulce fue de pronto ser libre de esos placeres infructíferos que alguna vez temí perder!… Los apartaste de mí, Tú que eres la verdad, el gozo máximo. Los apartaste de mí y tomaste su lugar, tú que eres más dulce que cualquier placer».[4]

…y a *Blaise Pascal*, quien vio que «todos los hombres buscan ser felices, sin excepción; por diferentes que sean los medios empleados, todos tienden a este fin… La voluntad jamás da el menor paso sino para este fin. Es el motivo de todas las acciones de todos los hombres, incluso de aquellos que van a perderse».[5]

…y a los *puritanos*, cuyo objetivo era conocer tanto a Dios que «deleitarse en Él, puede ser la gran obra de toda la vida»[6], porque sabían que ese gozo los «armaría contra los ataques de nuestros enemigos espirituales y quitaría de nuestras bocas el sabor de aquellos placeres con los que el tentador nos hace morder el anzuelo».[7]

…y a *Jonathan Edwards*, quien descubrió y enseñó como nadie que «la felicidad de la criatura consiste en el gozo en Dios, en la cual también Dios es magnificado y exaltado».[8] «El fin de la creación es que ella glorifique a Dios. Ahora, ¿qué es glorificar a Dios sino regocijarse en la gloria que Él ha exhibido?».[9]

…y a *C. S. Lewis*, que descubrió que «somos muy fáciles de contentar».[10]

...y a miles de *misioneros* que han dejado todo por Cristo y al final dijeron, como David Livingstone: «Nunca hice un sacrificio».[11]

El hedonismo cristiano no es algo nuevo.

Entonces, si el hedonismo cristiano es algo antiguo, ¿por qué es tan controversial? Una de las razones es que insiste en que el gozo no es solo un derivado de la obediencia a Dios, sino que también *es parte* de tal obediencia. Pareciera que la gente está dispuesta a hacer del gozo una consecuencia de nuestra relación con Dios, pero no una parte esencial de ella. Las personas se sienten incómodas al decir que es nuestra obligación perseguir el gozo.

Dicen cosas como: «No busques el gozo, busca la obediencia». A lo que el hedonismo cristiano responde: «Eso es como decir: "No comas manzanas, come frutas"». Porque el gozo *es* un acto de obediencia. Somos *llamados* a regocijarnos en el Señor. Si obediencia es hacer lo que Dios nos manda a hacer, entonces el gozo no es simplemente la consecuencia de la obediencia, *es* la obediencia misma. La Biblia nos dice una y otra vez que persigamos el gozo: «Ustedes, los hombres justos, ¡alégrense y regocíjense en el Señor! Y ustedes, los de recto corazón, ¡canten todos llenos de alegría!» (Salmos 32:11). «¡Que las naciones se llenen de gozo!» (Salmos 67:4). «Disfruta de la presencia del Señor» (Salmos 37:4). «Alégrense de que sus nombres están escritos en el cielo» (Lucas 10:20 NVI). «Regocíjense en el Señor siempre. Y otra vez les digo, ¡regocíjense!» (Filipenses 4:4).

La Biblia no nos enseña que deberíamos considerar el deleite como un mero derivado del deber. C. S. Lewis lo entendió cuando le escribió a un amigo: «Es un deber de los cristianos, como sabes, que todos sean lo más felices que sea posible».[12] Sí, eso es arriesgado y controversial, pero es absolutamente cierto. La felicidad máxima, tanto en cantidad como en calidad, es precisamente lo que estamos obligados a perseguir.

Un sabio cristiano describió la relación entre el deber y el placer de este modo:

> Imagina que un esposo le pregunta a su mujer si debe darle un beso de buenas noches. La respuesta de ella es: «Sí debes, pero no de esa clase de deber». Lo que ella quiere decir es: «A menos que una demostración espontánea de afecto hacia mi persona sea lo que te motive, tus insinuaciones carecen de todo valor moral».[13]

En otras palabras, si no hay deleite en el beso, la labor de besar no puede considerarse consumada. La complacencia en su persona, expresada en el beso, es parte de la labor, no una consecuencia de ella.

Pero si eso es cierto —si gozarse en hacer el bien es parte de lo que *es* hacer el bien— entonces la búsqueda del placer es parte de la búsqueda de la virtud. Ya puedes ver por qué esto comienza a ponerse controversial. Es la seriedad del asunto. «¿Habla en serio?», dice alguien. «Quiere decir que *hedonismo* es tan solo una palabra capciosa para atraer nuestra atención. De hecho, dice una verdad totalmente devastadora sobre el modo en que deberíamos vivir. La búsqueda del placer es realmente una parte necesaria de ser una buena persona». Así es. Lo digo en serio. La Biblia lo dice en serio. Dios lo dice en serio. Es muy importante. No estamos armando un juego de palabras.

> La felicidad máxima, tanto en cantidad como en calidad, es precisamente lo que estamos obligados a perseguir.

Que quede claro como el agua: siempre hablamos del *placer en Dios*. Aun el gozo en hacer el bien es, a fin de cuentas, gozo en Dios, porque el fin último al que siempre aspiramos es mostrar su gloria y expandir nuestro gozo en Él para con los demás. Toda otra forma de gozo sería cualitativamente insuficiente para el anhelo de nuestra alma y cuantitativamente escasa para nuestra necesidad eterna. Solo en Dios hay *plenitud* de gozo y gozo *eterno*.

«En tu presencia hay *plenitud* de gozo; delicias a tu diestra *para siempre*» (Salmos 16:11).

CAPÍTULO 2

Glorificar a Dios disfrutando de Él por siempre

Maximizar nuestro gozo en Dios es aquello para lo que fuimos creados. «Pero, espere un momento», dice alguien, «¿qué hay acerca de la gloria de Dios? ¿No nos creó Dios para *su* gloria? ¡Pero aquí está diciendo que nos creó para que procuremos *nuestro* gozo!». ¿Cuál de estas opciones es correcta? ¿Fuimos creados para su gloria o para nuestro gozo?

Oh, ¡cuán de acuerdo estoy en que Él nos creó para su gloria! ¡Sí! ¡Sí! Dios es la persona más teocéntrica en todo el universo. Esta es la esencia de todo lo que predico y escribo. ¡El hedonismo cristiano está diseñado para preservar y procurar esto mismo! El fin principal de Dios es glorificar a Dios. Esto se encuentra escrito a lo largo de toda la Biblia. Es el propósito de todo lo que Él hace.

El objetivo de Dios a cada paso de la creación y salvación es magnificar su gloria. Se puede magnificar algo con un microscopio o un telescopio. Un microscopio hace que las cosas pequeñas parezcan más grandes de lo que son. Un telescopio hace que las cosas gigantes (como las estrellas), que parecen pequeñas desde aquí, se parezcan más a lo que en verdad son. Dios creó el universo para magnificar su gloria del mismo modo en que un telescopio magnifica las estrellas. Todo lo que Él hace en nuestra salvación está diseñado para magnificar la gloria de su gracia de esta manera.

Tomemos, por ejemplo, alguno de los pasos para la salvación: predestinación, creación, encarnación, propiciación, santificación y consumación. A cada paso la Biblia dice que Dios hace estas cosas, por medio de Jesucristo, para exhibir y magnificar su gloria.

> **Dios te creó para que puedas pasar la eternidad dándole gloria al disfrutar de Él por siempre.**

- *Predestinación*: «Nos *predestinó* para que por medio de Jesucristo fuéramos adoptados como hijos suyos, según el beneplácito de su voluntad, *para alabanza de la gloria de su gracia* » (Efesios 1:5-6).

- *Creación:* «No retengas más a mis hijos; trae a mis hijas de los confines de la tierra, a todos los que llevan mi nombre. Yo los he creado. Yo los formé y los hice para *gloria mía*» (Isaías 43:6-7).

- *Encarnación:* «Cristo Jesús vino a ser siervo de los judíos para mostrar la verdad de Dios, para confirmar las promesas hechas a nuestros antepasados, y para que los que no son judíos *glorifiquen a Dios* por su misericordia» (Romanos 15:8-9).

- *Propiciación:*14 «…a [Cristo] quien Dios puso como propiciación por medio de la fe en su sangre, para *manifestar su justicia*, a causa de haber pasado por alto, en su paciencia, los pecados pasados…» (Romanos 3:25 RV60).

- *Santificación:* «Y esto le pido en oración: que el amor de ustedes abunde aún más y más en ciencia y en todo conocimiento… llenos de los frutos de justicia que vienen por medio de Jesucristo, para *gloria y alabanza de Dios*» (Filipenses 1:9, 11).

- *Consumación:* «[A aquellos que no obedecen los evangelios] Éstos sufrirán el castigo de la destrucción eterna, y serán excluidos de la presencia del Señor y de la gloria de su poder, el día que venga *para ser glorificado* en sus santos y *admirado* por todos los que creyeron. Y ustedes han creído a nuestro testimonio» (2 Tesalonicenses 1:9-10).

Por lo tanto, no podría estar más de acuerdo con la persona que dice: «¡Dios nos creó y nos salvó para *su* gloria!».

«Pues entonces», pregunta mi amigo, «¿cómo puede decir que el propósito de la vida es maximizar nuestro gozo? ¿No nos creó Dios para compartir su fin último, glorificarse a sí mismo? Entonces, ¿cómo es? ¿Fuimos creados para su gloria o para nuestro gozo?»

¡Aquí llegamos al corazón del hedonismo cristiano! Si entiende algo, entienda esto. Yo lo aprendí de Jonathan Edwards, C. S. Lewis, y más importante, del apóstol Pablo.

Edwards fue el mejor pastor-teólogo que Estados Unidos ha tenido jamás. En 1755 escribió un libro llamado *The End for Which God Created the World* [El fin por el cual Dios creó al mundo]. El fundamento y fin de ese libro es el siguiente pensamiento conmovedor. Es la base más profunda del hedonismo cristiano. Lee este fragmento lentamente para entender la resolución brillante de Edward.

> *Dios se glorifica no solo cuando su gloria es contemplada sino también disfrutada.* Cuando aquellos que la ven se deleitan en ella, Dios se glorifica más que si tan solo la ven. Es entonces cuando su gloria es acogida con toda el alma, tanto con la razón como con el corazón. Dios hizo el mundo de manera que Él comunique su gloria y su creación la reciba; y de manera que pueda recibirse tanto con la mente como con el corazón. Aquel que testifica la idea de la gloria de Dios no lo glorifica tanto como aquel que testifica también su deleite en ella.[15]

Esta es la solución. ¿Dios te creó para *su* gloria o para *tu* gozo? Respuesta: Él te creó para que puedas pasar la eternidad dándole gloria al disfrutar de Él por siempre. En otras palabras, no tienes que elegir entre glorificar a Dios o disfrutar de Dios. De hecho, no te atrevas a elegir una de las dos. Si renuncias a una, pierdes la otra. Edwards está totalmente en lo correcto: *«Dios es glorificado no solo cuando su gloria es vista sino también disfrutada»*. Si no nos regocijamos en Dios, no lo glorificaremos como es debido.

Esta es una de las bases sólidas del hedonismo cristiano: *Dios se glorifica más en nosotros cuanto más satisfechos en Él estamos*. Esta es la mejor noticia del mundo. La pasión de Dios de ser glorificado y mi pasión de ser satisfecho no son excluyentes.

Puedes poner tu mundo de cabeza tan solo alterando una pequeña palabra en tu credo, por ejemplo, cambiando "y por mediante". El antiguo Catecismo de Westminster pregunta: «¿Cuál es el fin máximo del hombre?» Y responde: «El fin máximo del hombre es glorificar a Dios y disfrutar de Él por siempre».

¿Y?

¿Glorificar a Dios y disfrutar de Dios son dos cosas distintas?

Evidentemente los antiguos pastores que escribieron el catecismo no pensaban que estaban hablando de cosas separadas. Dijeron «el fin máximo», no «los fines máximos». Glorificar a Dios y disfrutar de Él eran uno en su mente, no dos.

El objetivo del hedonismo cristiano es mostrar por qué esto es así. Apunta a evidenciar que glorificamos a Dios *cuando* disfrutamos de Él. Esa es la esencia de esta doctrina.

Dios se glorifica más en nosotros cuanto más nosotros estamos satisfechos en Él.

Quizás ahora puedas ver lo que me lleva a ser tan radical acerca de todo esto. Si es cierto, si Dios se glorifica más en nosotros cuanto más satisfechos en Él estamos, fíjate en lo que entra en juego en nuestra búsqueda del gozo. ¡Está en juego la gloria de Dios! Si digo que perseguir el gozo no es esencial, estoy diciendo que glorificar a Dios no es esencial. Pero si glorificarlo es de suma importancia, entonces perseguir la satisfacción que exhibe su gloria también lo es.

El hedonismo cristiano no es un juego. De ello se trata todo el universo.

La implicancia radical es que buscar el placer en Dios es nuestro máximo llamado. Es fundamental para toda virtud y toda reverencia. Ya sea que consideres tu vida de manera vertical en relación con Dios u horizontal en relación con los hombres, la búsqueda del placer en Dios es crucial, no opcional. Veremos pronto que el amor genuino por la gente y la adoración genuina hacia Dios dependen de la búsqueda del gozo.

Antes de que viera estas cosas en la Biblia, C. S. Lewis me agarró de imprevisto. Estaba parado en una librería de Pasadena, California, en el otoño de 1968. Tomé un delgado ejemplar de tapa azul del libro *El peso de la gloria.* La primera página cambió mi vida.

Para muchas de las mentes modernas, tras descripciones semejantes se oculta la idea de que desear el propio bien y esperar ardientemente gozar de él es algo malo. Permítanme decir frente a ello que esa noción procede de Kant y de los estoicos; no forma parte de la fe cristiana. Si recordamos las claras promesas de recompensa y su asombrosa naturaleza tal como están expuestas en el Evangelio parece que nuestro Señor no considera muy fuertes nuestros deseos, sino extraordinariamente débiles. Somos criaturas endebles. Nos divertimos con la bebida, el sexo y la ambición e ignoramos el goce infinito que se nos ofrece, como niños ignorantes empeñados en seguir haciendo pasteles de barro en un lodazal por su incapacidad para imaginar lo que significa el ofrecimiento de pasar un día de fiesta en el mar. Somos muy fáciles de contentar.[16]

Jamás en mi vida había oído a alguien decir que el problema del mundo *no* era cuán intensamente buscamos la felicidad sino la debilidad con que lo hacemos. Todo en mí exclamó: *¡Sí! ¡Eso es!* Allí estaba, escrito en una hoja en blanco y negro, y para mi mente fue totalmente convincente: el gran problema con los seres humanos es que somos muy fáciles de contentar. No buscamos el placer con la determinación y pasión con la que deberíamos, y entonces conformamos nuestro apetito con pasteles de lodo en lugar del deleite infinito.

Lewis dijo: «Somos muy fáciles de contentar». Casi todos los mandamientos de Cristo encuentran su motivación en las «claras promesas de recompensa». Basándonos en «su asombrosa naturaleza tal como están expuestas en el Evangelio parece que nuestro Señor no considera muy fuertes nuestros deseos, sino extraordinariamente débiles».

Sí, pero ¿qué tiene que ver eso con la alabanza y la gloria de Dios? El hedonismo cristiano dice que no solo debemos buscar el gozo que Jesús nos promete, sino que además Dios mismo es glorificado en esta búsqueda. Lewis me ayudó a ver esto también.

Hubo otra página explosiva, esta vez del libro *Reflexiones sobre los Salmos*. Aquí demuestra que la mismísima naturaleza de la alabanza es la consumación del gozo en lo que admiramos.

«Pero el hecho más obvio acerca de las alabanzas —ya sean a Dios o a cualquier otra cosa— se me escapa de forma extraña… Nunca había advertido que todo placer deriva espontáneamente en alabanzas… los amantes elogian a sus parejas, los lectores a sus poetas preferidos, los caminantes al paisaje… Mi mayor y más generalizada dificultad con la alabanza a Dios dependía de mi absurda idea de negarnos, en lo que respecta a lo supremamente valioso, lo que nos encantaría hacer, lo que de hecho no podemos evitar hacer, con el resto de las cosas que valoramos. Creo que nos gusta elogiar lo que disfrutamos porque la alabanza no solo expresa, sino que también completa, el placer».[17]

Por lo que Lewis me ayudó a cerrar la idea: buscar el gozo en Dios y alabar a Dios no son actos separados. «La alabanza no solo se expresa, sino que también completa, el placer». La adoración no se agrega al gozo, ni tampoco es el gozo una consecuencia de la adoración. La adoración es la valoración de Dios. Y cuando esta valoración es intensa, es gozo en Dios. Por lo tanto, la esencia de la adoración es el deleite en Dios, que muestra su valor para satisfacernos por completo.

> Buscar el gozo en Dios y alabar a Dios no son actos separados.

El apóstol Pablo coronó mi hedonismo cristiano con su testimonio en Filipenses 1. Esta es la declaración bíblica más clara de que Dios se glorifica más en nosotros cuanto más satisfechos en Él estamos. Desde su prisión en Roma escribe:

Conforme a mi anhelo y esperanza de que en nada seré avergonzado, sino que con toda confianza, y como siempre, también ahora Cristo será magnificado en mi cuerpo, ya sea por vida o por muerte. Porque para mí el vivir es Cristo, y el morir es ganancia (Filipenses 1:20-21).

Su objetivo es que Cristo sea «exaltado» o «magnificado» o «glorificado» en su cuerpo. Anhela que esto suceda ya sea que viva o muera. Tanto en vida como en su muerte su misión es magnificar a Cristo, mostrar la magnificencia de Cristo, glorificarlo, demostrar que Él es grande. Eso está claro en el verso 20, que Cristo «será magnificado en mi cuerpo, ya sea por vida o por muerte». La pregunta es: ¿*cómo* esperaba que eso sucediera?

Pablo nos muestra la respuesta en el verso 21: «Porque para mí el vivir es Cristo, y el morir es ganancia». Observemos cómo «vivir» y «morir» en el verso 21 se corresponden con «vida» y «muerte» en el verso 20. Y la conexión entre los dos versos es que el 21 muestra la forma de magnificar a Cristo al vivir y morir.

Verso 20 . . . . Verso 21
Cristo será magnificado . . . . porque para mí
ya sea por mi vida . . . . el vivir es Cristo
o por mi muerte . . . . y el morir es ganancia

Observemos primero el par «muerte» (verso 20) y «morir» (verso 21): Cristo será magnificado en mi cuerpo por muerte porque para mí el morir es ganancia. Reflexionemos sobre eso. Cristo será exaltado cuando muera si para mí morir es ganancia. ¿Puedes ver lo que esto dice acerca del modo en que Cristo es magnificado? Es magnificado por la muerte de Pablo si su muerte es percibida como ganancia.

¿Por qué es esto así? Porque Cristo mismo es la ganancia. El verso 23 lo esclarece: «Pues tengo el deseo de partir [es decir, morir] y estar *con Cristo*, lo cual es muchísimo mejor». Eso es lo que la muerte hace en los cristianos: nos lleva a una mayor intimidad con Jesucristo. Partimos y estamos con Él, y eso es ganancia. Y si Pablo experimenta la muerte de esta manera, dice, Cristo es glorificado en su cuerpo. Experimentar al Señor como ganancia en su muerte hace que Él sea glorificado. Esta es la esencia de la adoración a la hora de la muerte.

Si quieres glorificar a Cristo en tu muerte debes ver la muerte como ganancia. Esto significa que el Señor debe ser tu premio, tu tesoro, tu gozo. Debe ser una satisfacción tan profunda que cuando la muerte se lleve todo lo que amas —pero te de más de Él— la cuentes como ganancia. Si Cristo es tu satisfacción al morir, Él será glorificado en tu muerte.

Lo mismo pasa con la vida. Magnificamos a Cristo en vida, dice Pablo, al experimentar a Dios como nuestro máximo tesoro. Esto es lo que quiere decir en el verso 21 cuando dice: «Porque para mí el vivir es Cristo». Sabemos esto porque en Filipenses 3:8 Pablo dice: «Estimo todo como pérdida por la excelencia del conocimiento de Cristo Jesús, mi Señor. Por su amor lo he perdido todo, y lo veo como basura, para ganar a Cristo».

Entonces lo que Pablo quiere decir es que, para un cristiano, la vida y la muerte son actos de adoración —exaltan a Cristo, lo magnifican, revelan y expresan su grandeza— cuando nacen de una experiencia interna de atesorar a Cristo como ganancia. Él es alabado en la muerte al ser considerado superior a la vida. Y Cristo se glorifica más en nuestra vida cuanto más nosotros estamos satisfechos en Él, incluso antes de la muerte.

> Si el honor de Cristo es nuestra pasión, la búsqueda del placer en Él es nuestro deber.

El denominador común entre vivir y morir es que Cristo es el tesoro al que nos aferramos ya sea en vida o en muerte. Jesucristo se glorifica al ser apreciado. Él se magnifica como tesoro glorioso cuando se vuelve nuestro placer inigualable. Así que, si vamos a alabarle y magnificarle, no nos atrevamos a ser indiferentes tanto en apreciarlo como en encontrar placer en Él. Si el honor de Cristo es nuestra pasión, la búsqueda del placer en Él es nuestro deber.

CAPÍTULO 3

Los afectos no son algo opcional

Quizás puedes ver por qué me asombra que tanta gente intente definir el verdadero cristianismo en términos de decisiones y no de afectos. No es que las decisiones sean innecesarias; el problema es que casi no requieren de transformación. Las meras decisiones no son verdadera evidencia de una obra de gracia en el corazón. Las personas pueden tomar «decisiones» acerca de la verdad de Dios aun teniendo el corazón lejos de Él.

Nos hemos distanciado mucho del cristianismo bíblico de Jonathan Edwards. Él señaló la primera carta de Pedro 1:8 y argumentó que «en gran parte, la verdadera religión está compuesta de afectos».[18]

Ustedes aman a Jesucristo sin haberlo visto, y creen en él aunque ahora no lo ven, y se alegran con gozo inefable y glorioso (1 Pedro 1:8).

A lo largo de las Escrituras somos llamados a sentir, no solo a pensar o decidir. Se nos manda experimentar decenas de emociones, no solo a desarrollar la fuerza de voluntad.

Por ejemplo, Dios nos manda a no codiciar (Éxodo 20:17), y es evidente que cada mandamiento que desestima algún sentimiento es, a su vez, un mandamiento que favorece otro. Lo opuesto a la codicia es el contentamiento, y es exactamente esto lo que Dios nos llama a experimentar en Hebreos 13:5 (RVC), «conténtense con lo que tienen».

El Señor nos pide no guardar rencor (Levítico 19:18). El lado positivo de no guardar rencor es «perdonar de todo corazón». Esto es lo que Jesús nos llama a hacer en Mateo 18:35 (NVI), «...cada uno perdone de todo corazón a sus hermanos». La Biblia no dice: tomen la decisión de abandonar los pleitos. Dice: Experimenten un cambio en el corazón. Incluso va un paso más y nos pide cierta intensidad.

> Estar satisfechos en Dios es nuestro deber y llamado.

Por ejemplo, 1 Pedro 1:22 (RV60) nos dice: «amaos unos a otros *entrañablemente*, de corazón puro». Y Romanos 12:10 dice: «Amémonos unos a otros *con amor fraternal*».

A menudo la gente se aflige porque el hedonismo cristiano enseña que las emociones son parte de nuestro deber, que nos son ordenadas. Esto suena extraño en parte porque no tenemos un control inmediato sobre ellas como sentimos tenerlo sobre nuestra fuerza de voluntad. Pero el hedonismo cristiano dice: «consideren las Escrituras». A lo largo de toda la Biblia se nos instruyen los afectos.

Se nos llama a tener gozo, esperanza, temor, paz, aflicción, deseo, compasión, quebrantamiento y remordimiento, gratitud, humildad, etc.[19] Por lo tanto, el hedonismo cristiano no exagera cuando dice que estar satisfecho en Dios es nuestro deber y llamado.

Es cierto que a menudo nuestro corazón es perezoso. No sentimos las emociones con la profundidad o la intensidad debidas para Dios o su causa. También es cierto que en esos momentos debemos ejercer nuestra voluntad y tomar decisiones con la esperanza de que ellas reaviven nuestro gozo. Aunque no es nuestro objetivo amar sin alegría —«Dios ama a quien da con alegría» (2 Corintios 9:7); «si debemos brindar ayuda, hagámoslo con alegría» (Romanos 12:8)—, aun así, es mejor cumplir con un deber sin gozo que no cumplirlo, siempre y cuando tengamos un espíritu arrepentido de haber fallado a nuestro deber por causa de la pereza de nuestro corazón.

Con frecuencia me preguntan qué debería hacer un cristiano si no encuentra alegría a la hora de obedecer. Es una buena pregunta. No les diría que simplemente sigan con su deber porque las emociones no importan. ¡Sí que importan! Mi respuesta consta de tres pasos. Primero: confesar el pecado de la falta de gozo. «¡Clamo a ti desde los confines de la tierra, pues ya mi corazón desfallece! Llévame a una roca más alta que yo» (Salmos 61:2). Reconocer la frialdad de su corazón. No digas que no importa cómo te sientes. Segundo: pedir seriamente a Dios que restaure en la propia vida el gozo de la obediencia. «Hacer tu voluntad, Dios mío, me agrada; tu ley la llevo dentro de mí» (Salmos 40:8). Tercero: ir y cumplir con la faceta externa del deber, con la esperanza de que al hacerlo se reavive el deleite en el interior de la persona.

Esto es bien distinto a decir: «Cumple tu deber porque las emociones no cuentan». Estos tres pasos asumen que existe algo llamado hipocresía. Se basan en la creencia de que nuestra meta es el reencuentro entre el placer y el deber y que justificar su separación es justificar el pecado.

> El desarrollo de un cristiano hedonista es un milagro de gracia divina.

Aun así, se vuelve cada vez más evidente que la experiencia del gozo en Dios va más allá de lo que puede hacer un corazón pecador. Va en contra de nuestra propia naturaleza. Estamos esclavizados a encontrar placer en otras cosas (Romanos 6:17). Simplemente no podemos decidir estar alegres por algo que nos parece aburrido o poco interesante o hasta ofensivo, como Dios. El desarrollo de un cristiano hedonista es un milagro de la gracia divina. Por eso, Pablo dijo que convertirse al cristianismo es como ser levantado de entre los muertos: «[Dios] nos dio vida junto con

Cristo, aun cuando estábamos muertos en nuestros pecados»
(Efesios 2:5). Y es por eso que Jesús dijo que era más fácil
que un camello pasara por el ojo de una aguja, a que un rico
dejara de amar su dinero y comience a amar a Dios (Marcos
10:25). Los camellos *no pueden* pasar por el ojo de una aguja,
así como los hombres muertos no pueden resucitar. Entonces Jesús añade: «Esto es imposible para los hombres, pero
no para Dios. Porque para Dios todo es posible» (Marcos
10:27). Por lo que el hedonismo cristiano cultiva una depen-
dencia absoluta en la soberanía de Dios. Nos enseña a oír el
mandamiento: «Disfruta de la presencia del Señor» y luego a
orar junto a San Agustín: «Pídeme lo que quieras, pero dame
lo que me pides».[20]

CAPÍTULO 4

Buscar el placer debilita el orgullo y la autocompasión

Frente a todo orgullo humano, «También Dios escogió lo vil del mundo y lo menospreciado… a fin de que nadie pueda jactarse en su presencia» (1 Corintios 1:28-29). Cualquier visión acerca de la vida cristiana que asegura una sanción bíblica debe ser enemiga del orgullo. Este es uno de los grandes principios del hedonismo cristiano, que debilita el poder del orgullo.

El orgullo es el primer mal del universo. No caben dudas de lo que Dios siente acerca de ello: «yo aborrezco la soberbia y la arrogancia» (Proverbios 8:13).

El hedonismo cristiano combate el orgullo ya que pone al hombre en la categoría de vasija vacía bajo la fuente que es Dios. Un filántropo puede vanagloriarse; pero no alguien que recibe ayuda social. La principal experiencia de un cristiano hedonista es la indefensión, desesperación y anhelo.

Cuando un niño indefenso es arrastrado por la corriente en la playa y su padre lo levanta en sus brazos justo a tiempo, no se jacta; lo abraza fuerte.

La naturaleza y profundidad del orgullo humano se esclarecen al comparar la jactancia con la autocompasión. Ambas son manifestaciones del orgullo. La jactancia es la respuesta del orgullo al éxito. La autocompasión es la respuesta del orgullo al sufrimiento. La primera dice: «merezco que me admiren por haber logrado tanto». La segunda dice: «merezco que me admiren por haber sufrido tanto». La jactancia es la voz del orgullo en el corazón del fuerte. La autocompasión es la voz del orgullo en el corazón del débil. La jactancia suena a autosuficiencia; la autocompasión suena a sacrificio.

La razón por la cual la autocompasión no luce como orgullo es que parece tan necesitada. Pero esa necesidad surge a partir de un ego dañado. No viene de un sentirse no merecedor, sino de un sentimiento de mérito no reconocido. Es la respuesta del orgullo que no fue aplaudido.

El hedonismo cristiano corta la autocompasión de raíz. La gente no siente autocompasión cuando el sufrimiento es aceptado en aras del gozo.

«Bienaventurados serán ustedes cuando por mi causa los insulten y persigan, y mientan y digan contra ustedes toda clase de mal. Gócense y alégrense, porque en los cielos ya tienen ustedes un gran galardón; pues así persiguieron a los profetas que vivieron antes que ustedes» (Mateo 5:11-12).

Esta es el hacha puesta a la raíz de la autocompasión. Cuando los cristianos hedonistas tienen que sufrir por causa de Cristo, no evocan sus propios recursos como héroes. Se vuelven como niños que confían en la fuerza de su padre y anhelan el gozo de su recom-

> El hedonismo cristiano combate el orgullo porque pone al hombre en la categoría de vasija vacía bajo la fuente que es Dios.

pensa. Los mayores mártires de Cristo siempre han evitado los elogios y la lástima, dando testimonio de su hedonismo cristiano. Veremos esto especialmente en el capítulo final de este libro que trata sobre la vida de los misioneros.

Podemos apreciar este principio una y otra vez entre los hombres que sirven a Dios. Por ejemplo, conocí un profesor del seminario bíblico que también servía como ujier en el palco de una gran iglesia. Una vez que estaba por participar en un culto, el pastor lo elogió por su voluntad de servir en ese rol tan sencillo aun teniendo un doctorado en teología. El profesor lo frenó humildemente y suavizó el elogio citando Salmos 84:10 (RV60):

Porque mejor es un día en tus atrios que mil fuera de ellos. Escogería antes estar a la puerta de la casa de mi Dios, que habitar en las moradas de maldad.

En otras palabras: «No piense que estoy superando grandes obstáculos de reticencia como un héroe al guardar las puertas del santuario. ¡La Palabra de Dios dice que esta tarea trae una gran bendición! Estoy maximizando mi gozo en Dios». No sentimos pena o elogiamos excesivamente a aquellos que están tan solo haciendo lo que los hace felices. Y aun cuando vemos ese hecho como una virtud, nuestra admiración se dirigirá hacia el Tesoro que satisface su alma, no hacia la mera experiencia de satisfacción. Disfrutar de Aquel que es infinitamente disfrutable no es una gran hazaña, a no ser que estés muerto espiritualmente, pero en ese caso la solución es la resurrección, y solo Dios levanta a los muertos. Lo que queda para nosotros es solo respirar el dulce aire de gracia fuera de la tumba.

> No sentimos pena o elogiamos excesivamente a aquellos que están tan solo haciendo lo que los hace felices.

La mayoría de las personas reconocen que hacer algo por gozo —incluso en el plano horizontal— es una experiencia que enseña humildad. Por ejemplo, un hombre de negocios lleva a sus amigos a cenar. Cuando recibe la cuenta, sus amigos comienzan a decir cuán bondadoso fue de su parte pagar por ellos. Pero él levanta su mano y dice: «No sigan». Luego añade: «Es un placer hacerlo». En otras palabras, si hago una buena obra solo por la alegría de hacerla, el impulso del orgullo se rompe. El cese de ese impulso es la voluntad de Dios y es una de las razones por las que el hedonismo cristiano es vital para la vida cristiana.

CAPÍTULO 5

Busca tu gozo en el gozo del Amado

Espero que esté claro hasta aquí que, si vienes a Dios por deber, ofreciéndole la recompensa de tu amistad en lugar de tener sed de lo que Él tiene para darte a ti, estarías ensalzándote a ti mismo por encima de Dios como si tú fueras su benefactor y, más aún, estarías subestimándolo como si Él se beneficiara de ello. Eso está mal.

El único modo de glorificar la total suficiencia de Dios es venir a Él porque en su presencia hay plenitud de gozo y delicias a su diestra para siempre (Salmos 16:11 RV60). Podemos llamar a esto hedonismo cristiano vertical. Entre Dios y el ser humano, en el eje vertical de la vida, la búsqueda del placer no solo está permitida; es obligatoria: «Disfruta de la presencia del Señor». El fin último del hombre es glorificar a Dios *al* disfrutar de Él por siempre.

¿Pero qué hay acerca del hedonismo cristiano horizontal? ¿Qué acerca de las relaciones de amor con otras personas? ¿Es acaso la benevolencia desinteresada el ideal entre los seres humanos? ¿O es la búsqueda del placer apropiada y en efecto necesaria para cada tipo de amor terrenal que complace a Dios?

El hedonismo cristiano responde: *la búsqueda del placer es un motivo esencial para cada buena obra. Si apuntamos a abandonar la búsqueda del placer completo y duradero, no podemos amar a las personas o complacer a Dios.*

Una vez prediqué sobre esto, y un profesor de filosofía me escribió una carta con la siguiente crítica:

> ¿No es la polémica de la moral que tenemos que hacer el bien por el bien mismo?… Deberíamos hacer el bien y actuar virtuosamente, sugiero, por el bien y la virtud misma; que Dios nos bendiga y nos traiga gozo es una consecuencia de ello, pero no la razón para hacerlo.

Otro escritor popular dice que, para los cristianos, la felicidad nunca es una meta que perseguir. Ella siempre es la inesperada sorpresa que trae una vida de servicio.

Esas citas representan el caudal de opinión generalizada con la que lucha constantemente un hedonista cristiano. Las considera contrarias a las Escrituras, contrarias al amor y, al fin y al cabo, una deshonra para Dios.

Sin duda, me vienen a la mente versículos bíblicos que parecen decir exactamente lo opuesto a lo que el hedonismo cristiano está diciendo. Por ejemplo, en el gran «capítulo del amor», el apóstol Pablo dice que el amor «no busca lo suyo» (1 Corintios 13:5 RV60). ¿Esto significa que deleitarse en hacer el bien sería una forma de desamor?

Según el profeta Miqueas, Dios nos llama no solo a ser misericordiosos, sino a amar la misericordia: «El Señor te ha dado a conocer lo que es bueno, y lo que él espera de ti, y que no es otra cosa que hacer justicia, amar la misericordia, y humillarte ante tu Dios» (Miqueas 6:8). ¿La obediencia al mandamiento de «amar la misericordia» significa que debe desobedecer la enseñanza de 1 Corintios 13:5 de que el amor no debe «buscar lo suyo» cuando muestra misericordia?

No, no es eso lo que Pablo está pensando. Sabemos que no lo es porque en el versículo 3, de hecho, el amor es motivado por nuestro anhelo de ganancia: «Si reparto entre los pobres todo lo que poseo, y si entrego mi cuerpo para que lo consuman las llamas, pero no tengo amor, *nada gano* con eso» (NVI). Si el amor genuino no se atreve a echarle un ojo a su propia ganancia, ¿no es extraño que Pablo nos advierta que la falta de amor nos prive de nuestra «ganancia»?

Otorgándole a Pablo el beneficio de la duda, ¿no deberíamos asumir que hay una cierta clase de «ganancia» que está mal que nos motive (de ahí «el amor no busca lo suyo») y que también hay otra clase que está bien que sí lo haga (de ahí «[si] no tengo amor, nada gano con eso»)? ¿Cuál es esta ganancia correcta? Jonathan Edwards nos da una respuesta cautivante:

> En un sentido, hasta la persona más benévola y generosa del mundo busca su propia felicidad haciendo bien a otros, porque coloca su felicidad en sus buenos actos. Podríamos decir que su mentalidad es tan amplia que se deja engañar. Así, cuando otros son felices, se siente feliz; participa con ellos y es feliz con la felicidad de ellos.[21]

En otras palabras, cuando Pablo dice: «el amor no busca lo suyo», no se refiere a que el amor no debe regocijarse en el hecho de amar. Más bien quiere decir que el amor no buscará su propia comodidad y confort a expensas de otros.

El valor moral de un acto de amor no se echa a perder cuando lo que nos motiva a hacerlo es la expectativa del gozo que obtendremos. Si así fuese, entonces un hombre malo, que odie la idea de amar, podría comprometerse en un amor puro ya que no obtendría ningún gozo de ello; mientras que un hombre bueno, que se deleite en la idea de amar, no podría hacerlo dado que «obtendría ganancia» de ello y entonces lo arruinaría.

Por lo tanto, 1 Corintios 13:5 («el amor no busca lo suyo») no se interpone en el camino del hedonismo cristiano. Por el contrario, si lo tomamos junto a 1 Corintios 13:3 («si entrego mi cuerpo para que lo consuman las llamas, pero no tengo amor, *nada gano* con eso»), respalda y esclarece el hedonismo cristiano: *la búsqueda de una verdadera ganancia es una motivación esencial para cualquier obra de bien.*

¿Qué es esta «verdadera ganancia»? En 2 Corintios 8, Pablo muestra que el amor genuino siempre identifica a *Dios* como la ganancia. La historia es que las iglesias en Macedonia han demostrado lo que es el verdadero amor al responder generosamente al pedido de Pablo por los pobres en Jerusalén. Ahora él explica a los corintios cuál es la naturaleza de este amor:

> Hermanos, también queremos contarles acerca de la gracia que Dios ha derramado sobre las iglesias de Macedonia, cuya generosidad se desbordó en gozo y en ricas ofrendas, a pesar de su profunda pobreza y de las grandes aflicciones por las que han estado pasando. Yo soy testigo de que ellos han ofrendado con espontaneidad, y de que lo han hecho en la medida de sus posibilidades, e incluso más allá de éstas. Insistentemente nos rogaron que les concediéramos el privilegio de participar en este servicio para los santos (2 Corintios 8:1-4).

Sabemos que está describiendo al amor porque en el verso 8 Pablo dice: «sino que quiero ponderar la sinceridad del *amor* de ustedes en comparación con la dedicación de otros». Así que aquí tenemos un caso para ver cómo luce el amor de 1 Corintios 13 en la vida real. Los macedonios han ofrendado sus posesiones tal como dice 1 Corintios 13:3 («si reparto entre los pobres todo lo que poseo»). Pero *aquí* es amor verdadero, mientras que *allí* no era amor. ¿Qué es lo que hace de la generosidad macedonia un acto de amor genuino?

La naturaleza del amor genuino se puede ver en cuatro factores:

- Primero: es una obra de gracia divina. «Queremos contarles acerca de la gracia que Dios ha derramado sobre las iglesias de Macedonia» (2 Corintios 8:1). La generosidad de los macedonios no era de origen humano. Era la gracia trabajando en sus corazones.

- Segundo: experimentar la gracia de Dios llenó a los macedonios de gozo, «cuya generosidad se desbordó en gozo y en ricas ofrendas, a pesar de su profunda pobreza y de las grandes aflicciones por las que han estado pasando» (2 Corintios 8:2). Su gozo no se debía al hecho de que Dios prosperó su economía, porque, ciertamente, ¡no lo había hecho! En la extrema pobreza estaban alegres. Por lo tanto, el gozo era un gozo en Dios, no en las cosas materiales.

- Tercero: su gozo en la gracia de Dios se desbordó en generosidad para suplir las necesidades ajenas, «cuya generosidad se desbordó en gozo y en ricas ofrendas»

(2 Corintios 8:2). Entonces, la generosidad expresada de manera horizontal hacia los hombres era un aluvión de gozo en la gracia de Dios.

- Cuarto: los macedonios suplicaron la oportunidad de sacrificar sus escasas posesiones para los santos en Jerusalén. «Han ofrendado con espontaneidad, y... lo han hecho en la medida de sus posibilidades, e incluso más allá de éstas. Insistentemente nos rogaron que les concediéramos el privilegio de participar en este servicio para los santos» (2 Corintios 8:3-4). En otras palabras, la manera en que desbordó su gozo en Dios fue mediante la alegría de dar. Ellos querían dar. ¡Ese era su gozo!

Ahora podemos dar una definición de amor que tenga en cuenta a Dios y también incluya los sentimientos que deberían acompañar a los actos externos de amor: *el amor es el derramamiento y la expansión del gozo en Dios, que suple alegremente las necesidades ajenas.* No es tan solo un derramamiento pasivo, sino la enérgica extensión, expansión y completitud del gozo en Dios, alcanzando aun a los pobres en Jerusalén.

Esta es la razón por la cual una persona puede entregar su cuerpo para ser quemado y aun así no tener amor

> El amor es el derramamiento y la expansión del gozo en Dios, que suple alegremente las necesidades ajenas.

(1 Corintios 13:3). ¡El amor es el derramamiento y la expansión del gozo *en Dios*! No es el deber por el deber mismo, o el bien por el bien mismo. No es un total abandono del bien propio en pos del bien de otra persona. Es primero una satisfacción profunda de la plenitud de la gracia de Dios, y luego una doble satisfacción de extender ese gozo en Dios hacia otra persona.

Los macedonios descubrieron la labor del hedonismo cristiano: ¡el amor! Es el derramamiento y la expansión del gozo en Dios, que suple alegremente las necesidades ajenas.

Espero que se haga evidente por qué digo que, si intentas abandonar la búsqueda de tu completo y eterno gozo, no puedes amar a las personas o agradar a Dios. Si el amor es el derramamiento y la expansión del gozo en Dios que suple gustosamente las necesidades ajenas, ¡entonces abandonar la búsqueda de ese gozo es abandonar la búsqueda del amor! Y si Dios se complace en el que da con alegría, entonces abandonar la búsqueda de esa alegría te llevará por un camino en el que Dios no se deleita. Si somos indiferentes a nuestra alegría al hacer una buena obra, somos indiferentes a lo que complace a Dios.

Por lo tanto, es esencial que seamos hedonistas cristianos en el nivel horizontal de nuestras relaciones con otras personas y no solo en el eje vertical de nuestra relación con Dios. Si el amor es el aluvión y la expansión del gozo en Dios que suple alegremente las necesidades ajenas, y si Dios ama a los que dan con alegría, entonces este gozo en dar es un deber cristiano, y no procurarlo es un pecado.

En este punto sería fácil malinterpretar al hedonismo cristiano como si en él no existieran las lágrimas, porque la insistencia en el gozo puede parecer que descarta el dolor y la pena. Esto sería un gran error. Pablo describe su vida con la frase: «como entristecidos, mas siempre gozosos» (2 Corintios 6:10). Él nos llama a «llorar con los que lloran» (Romanos 12:15). Cuando piensa en sus hermanos que están pereciendo dice: «Tengo una gran tristeza y un continuo dolor en mi corazón» (Romanos 9:2). Cuando escribe a las Iglesias en pecado es «con gran tristeza y angustia de corazón» (2 Corintios 2:4 NVI).

La alegría de un hedonista cristiano no es una serenidad mística, inmutable ante el sufrimiento ajeno. En la futilidad de esta era caída es un contentamiento profundamente insatisfecho. Es el hambre constante por más del banquete de la gracia de Dios. Y aun la medida de alegría que Dios concede aquí y ahora contiene un impulso insaciable de expandirla hacia otros (2 Corintios 8:4; 1 Juan 1:4).

El gozo cristiano se revela como alegría insatisfecha cuando percibe la necesidad humana. Comienza a expandirse en amor para llenar esa necesidad y avivar el gozo de la fe en el corazón de la otra persona. Pero como a menudo hay algún obstáculo, o un lapso entre la necesidad que percibimos de una persona y nuestro eventual regocijo en ver su gozo restaurado, hay lugar para las lágrimas. El llanto de compasión es el llanto de alegría obstaculizado en la prolongación de sí mismo a otro.

Si no sintiéramos placer en el bien de los demás, no sentiríamos dolor cuando el bien es impedido. Así que no nos equivoquemos: el amor es una búsqueda apasionada de satisfacer nuestros anhelos más profundos en el bien de Dios para el prójimo. El hedonismo cristiano rechaza la filosofía pretenciosa que dice: «Para los cristianos, la felicidad nunca es una meta por perseguir. Siempre es la inesperada sorpresa que trae una vida de servicio».

Una de las razones bíblicas más claras para rechazar esta visión común es la cita de Pablo de las palabras de Jesús en Hechos 20:35 (RV60). Hay muchas lágrimas la última vez que Pablo se dirige a los ancianos de Éfeso. Dice: «En todo les he enseñado que, trabajando así, se debe ayudar a los necesitados, y *recordar* las palabras del Señor Jesús, que dijo: "Más bienaventurado es dar que recibir"».

No podremos sentir la fuerza hedonista de estas palabras si no meditamos en el término *recordar*. Pablo no solo dijo que hay más bendición en dar que en recibir. Dijo que es crucial en nuestros actos de amor *recordar* esto. Téngalo en mente. No se lo olvide. Deje que le genere motivación.

La mayoría de los cristianos hoy está de acuerdo en que dar es más bendecido que recibir. Pero muchos dudan seriamente si deberíamos ser *motivados* por esta verdad. Dicen que la bendición viene como un *resultado* de dar, pero de mantener esto como motivación, se arruinaría el valor moral de la dádiva y lo convertiría en un mercenario. La palabra *recordar* en Hechos 20:35 es un gran obstáculo para esta creencia popular. ¿Por qué les diría Pablo a los ancianos de Éfeso que *tengan en mente* las alegres bendiciones de dar si, de hecho, hacerlo los transformaría de ministros a mercenarios?

No veo cómo alguien podría honrar la palabra *recordar* en Hechos 20:35 y sin embargo pensar que está mal buscar la recompensa del gozo en el ministerio. Por el contrario, Pablo piensa que es necesario mantener nuestro gozo firme ante nosotros. «¡*Recuerden*! Hay más bendición en dar que en recibir».

Una de las razones por las que Pablo dijo esto es que el costo de amar es tan alto que no podríamos sobrevivir sin la esperanza del gozo en Dios, que nos alcanza en vida y tras la muerte. Pablo dijo: «Si nuestra esperanza en Cristo fuera únicamente para esta vida, seríamos los más desdichados de todos los hombres» (1 Corintios 15:19). En otras palabras, una vida de amor, con todo el dolor y riesgo que involucra, sería la vida de un necio si no hubiese recompensa tras la muerte.

Con esta mentalidad estaba siguiendo a su Maestro, porque Jesús motivó grandes actos de amor de la misma manera:

«[Sirve a los pobres] y así serás dichoso. Porque aunque ellos no te puedan devolver la invitación, tu recompensa la recibirás en la resurrección de los justos» (Lucas 14:14).

El amor cuesta. Siempre involucra alguna clase de negación de uno mismo. «El que ama su vida, la perderá; pero el que aborrece su vida en este mundo, la guardará para vida eterna» (Juan 12:25). El amor te cuesta la vida en este mundo. Pero en el mundo venidero el gozo de la vida eterna es suficiente recompensa. El hedonismo cristiano insiste en que la ganancia eterna pesa más que el dolor temporal y afirma que hay clases extrañas y maravillosas de gozo que solo florecen en la atmósfera tormentosa del sufrimiento. «El alma no tendría arcoíris si los ojos no tuvieran lágrimas».[22]

El autor del libro de Hebreos enseñó esto con implacable claridad.

¿De dónde sale la compasión de los prisioneros cuando el costo puede ser el embargo de tus pertenencias? Aquí está la respuesta de la Iglesia del primer siglo: «…se compadecieron de los presos, y gozosos soportaron el despojo de sus propios bienes, sabedores de que en los cielos tienen una herencia mejor y permanente» (Hebreos 10:34).

En los primeros tiempos de su conversión, algunos cristianos eran encarcelados por su fe. El resto eran confrontados con una elección difícil: ¿Deberíamos escondernos en las cuevas y mantenernos «a salvo», o visitar a nuestros hermanos y hermanas en prisión y así arriesgar nuestra vida y nuestros bienes? Ellos eligieron el camino del amor y aceptaron el riesgo. « se compadecieron de los presos, y *gozosos* soportaron el despojo de sus propios bienes». La clave del amor era el gozo.

¿Pero de dónde provenía este gozo? La respuesta: «Sabedores de que en los cielos tienen una herencia mejor y permanente». Esa palabra *sabedores* funciona del mismo modo que *recordar* en Hechos 20:35, «*recordar las palabras del Señor Jesús, que dijo: "Más bienaventurado es dar que recibir"*». Lo que hacía a los cristianos libres para arriesgarse al costo del amor era *saber* que Dios les ofrecía una recompensa *mejor* y *permanente*.

El poder para amar era sustentado por la búsqueda de un gozo mejor y permanente.

De nuevo el autor hace hincapié en el mismo punto con el ejemplo de Moisés en Hebreos 11.

Por la fe, cuando Moisés ya era adulto, rehusó llamarse hijo de la hija del faraón, y prefirió ser maltratado junto con el pueblo de Dios, antes que gozar de los deleites temporales del pecado, pues consideró que sufrir el oprobio de Cristo era una riqueza mayor que los tesoros de los egipcios. Y es que su mirada estaba fija en la recompensa (versículos 24-26).

Moisés es un héroe para la iglesia porque estimó los placeres de Egipto como basura en comparación con su gozo en la recompensa prometida. Eran demasiado pequeños y efímeros comparados con el premio. Esta búsqueda de la recompensa plena y duradera del gozo en Cristo lo ligó a Israel por siempre en amor. Soportó increíbles adversidades en servicio al pueblo de Dios cuando podía haber tenido una vida de comodidades en Egipto. El poder del amor fue la búsqueda de placeres mayores en presencia de Dios por encima de los placeres efímeros del pecado en Egipto.

Pero el autor de Hebreos guardó el ejemplo más maravilloso para lo último. ¿Qué sostenía al acto de amor más grande llevado a cabo en la historia de la tierra, la muerte agónica de Jesús en nuestro lugar? La respuesta es la misma: «Fijemos la mirada en Jesús, el autor y consumador de la fe, quien por el gozo que le esperaba sufrió la cruz y menospreció el oprobio, y se sentó a la derecha del trono de Dios» (Hebreos 12:2).

La obra de amor más grande que ha existido fue posible porque Jesús buscó el gozo más grande que se pueda imaginar, es decir, el gozo de ser glorificado a la diestra de Dios en la asamblea de los redimidos. ¡Porque el gozo fue puesto delante de Él, soportó la cruz!

El hedonismo cristiano está totalmente comprometido a amar como Jesús. No nos atrevemos a vivir por motivos mayores que los que Él vivió. ¿Qué es lo que dificulta el amor en el mundo de hoy? ¿Será que todos estamos intentando autocomplacernos? ¡No! Es que nos complacemos con demasiada facilidad.

El mensaje que necesita ser gritado a los cuatro vientos es: ¡Oye, mundo! ¡Ni de lejos eres lo suficientemente hedonista! Eres muy fácil de complacer. Eres como un niño en los suburbios haciendo pasteles de lodo, porque no puedes siquiera imaginar lo que serían unas vacaciones en la playa. Dejen de acumular sus tesoros en la tierra donde la polilla y el óxido corroen, y donde los ladrones minan y hurtan. ¡Acumulen sus tesoros en el cielo! (Mateo 6:19-20).

Dejen de satisfacerse con el placer del mísero dos por ciento de interés que es comido por la polilla de la inflación y el óxido de la muerte. Inviertan en las garantías divinas, de primera línea, altamente rentables del cielo. Dar su vida a las comodidades y emociones materiales es como tirar dinero a un nido de ratas. Pero una vida invertida en la tarea del amor genera dividendos de gozo insuperables y eternos, aun si le cuesta sus bienes o su vida en esta tierra.

> Dejen de satisfacerse con el placer del mísero dos por ciento de interés que es comido por la polilla de la inflación y el óxido de la muerte.

Vengan a Cristo, en cuya presencia somos llenos de gozo y placeres eternos. Únanse a la labor del hedonismo cristiano. Porque el Señor del cielo y la tierra, Jesucristo, ha hablado: ¡Hay más bendición en amar que en una vida lujosa!

Hasta aquí hemos visto un rápido boceto del estilo de vida al que llamo hedonismo cristiano. He tratado de dar un destello de lo que significa verticalmente en relación con Dios y horizontalmente en relación con los hombres; que es esencial para toda verdadera adoración y virtud. Glorifica a Dios, debilita el orgullo, abraza las emociones del corazón y carga al hombre el costo de amar. He intentado mostrar que es plenamente bíblico y antiguo, pero también radical y controversial.

Ahora me avocaré a ilustrar algunos efectos prácticos de esta visión en cuatro áreas de la vida y el ministerio: la adoración, el matrimonio, las finanzas y las misiones. Si la visión es auténtica, el fruto en todas estas áreas debería ser la gloria de Dios y la santidad de su pueblo.

CAPÍTULO 6

¿Qué significa para la adoración?

El actual levantamiento en contra del antiguo hedonismo cristiano ha acabado con el espíritu de adoración en numerosas iglesias y corazones. La noción generalizada de que los actos de alta moral deben carecer de cualquier interés propio es un gran enemigo de la verdadera adoración. La adoración es el acto moral más alto que un ser humano puede desempeñar. Por eso el único fundamento y motivación que encuentra mucha gente para hacerlo es la noción moral de estar realizando un deber desinteresado. Pero cuando la adoración se reduce a un deber desinteresado, deja de ser adoración, porque la adoración es un banquete de la gloriosa perfección de Dios en Cristo.

Dios no es honrado cuando celebramos los domingos por un mero sentimiento de deber. ¡Es honrado cuando esos días son precisamente nuestro placer! Por lo tanto, para honrar a Dios en adoración no debemos buscarlo desinteresadamente, por temor a obtener un poco de gozo al adorar y así arruinar el valor moral del hecho. En cambio, debemos buscarlo de manera hedonista, como un ciervo sediento brama frente al arroyo, ¡precisamente por el gozo de ver y saborear a Dios! La adoración no es nada menos que obediencia al mandamiento de Dios: «Disfruta de la presencia del Señor» (Salmos 37:4).

> El gran obstáculo para la adoración no es que seamos personas que buscan placer, sino que estemos dispuestos a conformarnos con placeres tan lamentables.

La virtud mal orientada extingue el espíritu de la adoración. La persona que piensa que superar sus propios intereses es una virtud y que buscar placer es un vicio, difícilmente podrá adorar. Porque adorar es el suceso más hedonista de la vida y no debe ser arruinado por el mínimo pensamiento de desinterés. El gran obstáculo para la adoración no es que seamos personas que buscan placer, sino que estemos dispuestos a conformarnos con placeres tan lamentables.

Cada domingo a las 11 a.m., Hebreos 11:6 entra en combate con las concepciones populares de la virtud altruista. «Sin fe es imposible agradar a Dios, porque es necesario que el que se acerca a Dios *crea que él existe, y que sabe recompensar a quienes lo buscan*». ¡No puedes agradar a Dios si no vienes a Él para ser recompensado! Entonces, la adoración que deleita a Dios es la búsqueda hedonista de Él. ¡Dios es nuestra gran recompensa! En su presencia hay plenitud de gozo, y a su diestra hay *delicias* para siempre. Ser satisfecho con todo lo que Dios es para nosotros en Cristo es la esencia de la verdadera experiencia de adoración. La adoración es el banquete del hedonismo cristiano.

Consideremos tres implicancias para el ministerio de adoración.

Primero: el verdadero diagnóstico de una adoración endeble *no es* que nuestra congregación esté viniendo a recibir y no a dar. No son pocos los pastores que regañan a su iglesia argumentando que los cultos de adoración serían más vivaces si la gente viniese a dar en vez de a recibir. Pero existe un diagnóstico mejor que ese.

La gente *debe* ir al culto de adoración para recibir. Debe ir con hambre de Dios. Debe hacerlo diciendo: «Como ciervo que brama por las corrientes de agua, así mi alma clama por ti, mi Dios» (Salmos 42:1). El Señor es profundamente honrado cuando las personas reconocen que morirán de hambre y sed si no tienen a Dios. Y es mi deber como pastor desplegar un banquete para ellos. Yo debo mostrarles en la Biblia aquello que están necesitando —a Dios— y luego alimentarlos hasta que digan: «Ahhh». Eso es la adoración.

Segundo: entender la esencia de la adoración como satisfacción en Dios hará que la adoración esté radicalmente centrada en Dios.

Nada hace a Dios más central y supremo que personas totalmente convencidas de que nada excepto Él —ni el dinero, ni el prestigio, ni los pasatiempos, ni la familia, el trabajo, la salud, los deportes, los juegos o los amigos— le traerá paz a su afligido corazón. Esta convicción crea gente que busca a Dios de manera apasionada un domingo por la mañana.

Si el enfoque cambia hacia lo que nosotros le damos a Él en vez de enfocarnos en lo que Él tiene para nosotros, un resultado de ello es que, sutilmente, ya no es Dios quien está en el centro sino la calidad de nuestra entrega. ¿Le estamos cantando al Señor con la excelencia que se merece? ¿Nuestros músicos están tocando con la calidad digna de una ofrenda a Dios? Todo esto suena honorable al principio, pero de a poco el foco comienza a correrse de la absoluta indispensabilidad del Señor hacia la calidad de nuestro desempeño. Y hasta comenzamos a definir la excelencia y el poder de la adoración en términos de la cualidad técnica de nuestra presentación artística.

Nada mantiene a Dios en el centro de nuestra adoración como la convicción bíblica de que la esencia de esa adoración es la profunda satisfacción en Él y la certeza de que buscar esa satisfacción es la razón por la cual estamos reunidos.

Tercero: El hedonismo cristiano protege la primacía de la adoración al forzarnos a ver el acto esencial de adorar como un fin en sí mismo.

Si la esencia de la adoración es la satisfacción en Dios, entonces adorar no puede tener segundas intenciones. Simplemente no puedes decirle: «Señor, quiero ser lleno por ti para que pueda obtener esta otra cosa». Porque eso significaría que tu satisfacción no está en Él sino en la otra cosa. Y eso sería deshonrarlo, no adorarlo.

Pero, de hecho, para muchos cristianos y pastores el acto de «adorar» un domingo a la mañana es considerado como un medio para lograr otra cosa. «Adoramos» para levantar las ofrendas; «adoramos» para atraer al público; «adoramos» para sanar heridas terrenales; «adoramos» para alistar colaboradores; «adoramos» para aumentar el ánimo de la congregación; «adoramos» para darle a músicos talentosos la oportunidad de cumplir con su llamado; «adoramos» para enseñarles a nuestros niños el camino de la verdad; «adoramos» para ayudar a los matrimonios a mantenerse unidos; «adoramos» para evangelizar a los perdidos entre nosotros; «adoramos» para que la congregación se sienta como una familia, etc., etc.

> Si la esencia de la adoración es la satisfacción en Dios, entonces adorar no puede tener segundas intenciones.

Con estas cosas menospreciamos tanto a la adoración como a Dios. Los sentimientos genuinos por Dios son un fin en sí mismo. Yo no puedo decirle a mi esposa: «Siento un profundo deleite en ti; así que hazme una rica cena». No es así como funciona el deleite. El placer tiene su fin en ella, no en una rica cena. No puedo decirle a mi hijo: «Me encanta jugar a la pelota contigo; entonces por favor corta el pasto». Si tu corazón realmente se deleita en jugar con él, ese deleite no puede ser usado como un medio para conseguir que él haga algo.

No estoy negando que un ministerio de adoración vivaz traiga consigo cientos de efectos positivos en la vida de la iglesia. Al igual que el cariño sincero en un matrimonio, hará que todo sea mejor. Mi punto es que, en el momento en que «adoramos» por estas razones, la adoración deja de ser auténtica. Mantener la satisfacción en Dios en el centro previene esta tragedia.

CAPÍTULO 7

¿Qué significa para el matrimonio?

La razón por la cual hay tanta desdicha en el matrimonio no está en que maridos y esposas busquen su propio placer, sino que no lo buscan en el placer del cónyuge. El mandamiento bíblico para los matrimonios es que busquen su propio gozo en el gozo de su cónyuge, y esto lo convierte en una matriz para el hedonismo cristiano.

Difícilmente haya un pasaje bíblico más hedonista que aquel que habla sobre el matrimonio en Efesios 5:25-30.

Esposos, amen a sus esposas, así como Cristo amó a la iglesia, y se entregó a sí mismo por ella, para santificarla. Él la purificó en el lavamiento del agua por la palabra, a fin de presentársela a sí mismo como una iglesia gloriosa, santa e intachable, sin mancha ni arruga ni nada semejante. Así también los esposos deben amar a sus esposas como a su propio cuerpo. El que ama a su esposa, se ama a sí mismo. Nadie ha odiado jamás a su propio cuerpo, sino que lo sustenta y lo cuida, como lo hace Cristo con la iglesia, porque somos miembros de su cuerpo.

Los esposos son llamados a amar a sus esposas como Cristo amó a la iglesia. ¿Cómo amó a la iglesia? «Se entregó a sí mismo por ella». ¿Pero por qué? «Para purificarla y santificarla» ¿Pero por qué quería hacer eso? «A fin de presentársela a sí mismo como una iglesia gloriosa».

> El mandamiento bíblico para los matrimonios es que busquen su propio gozo en el gozo de su cónyuge, y esto lo convierte en una matriz para el hedonismo cristiano.

¡Ajá! ¡Ahí está! «Por el gozo que le esperaba sufrió la cruz» (Hebreos 12:2). ¿Cuál gozo? El gozo de desposar a su novia, la iglesia. Jesús no quería una novia sucia y profana. Por ende, estaba dispuesto a morir para «purificar y santificar» a su prometida, a fin de presentarse a sí mismo una esposa «en toda su gloria».

¿Y cuál es el mayor gozo de la iglesia? ¿Acaso no es ser purificada y santificada para ser presentada como novia al Cristo glorioso y soberano? Así que Cristo buscó su propio gozo, sí; ¡pero lo buscó en el gozo de la iglesia! Eso es lo que hace el amor: busca su propio gozo en el gozo del amado.

En Efesios 5:29-30 Pablo insiste en el hedonismo de Cristo un poco más: «Nadie ha odiado jamás a su propio cuerpo, sino que lo sustenta y lo cuida, como lo hace Cristo con la iglesia, porque somos miembros de su cuerpo». ¿Por qué Jesús sustenta y cuida a la iglesia? Porque somos miembros de su propio cuerpo, y ningún hombre ha odiado jamás a su cuerpo. En otras palabras, la unión entre Cristo y su novia es tan íntima («una sola carne») que cualquier bien que le haga a ella es un bien que se hace a sí mismo. La afirmación obvia de este texto es que este hecho motiva al Señor a sustentar, cuidar, santificar y purificar a su novia.

Para ciertas definiciones populares esto no puede ser amor. El amor, dicen, debe ser libre de intereses propios; especialmente el amor de Cristo, especialmente el amor de la cruz. Nunca he visto una visión del amor que encuadre tan bien como la de este versículo. Lo que Jesús hace por su novia es lo que para este texto significa el amor. «Esposos, amen a sus esposas, así como Cristo amó a la iglesia». ¿Por qué no dejamos a la Biblia definir el amor en vez de sacar nuestra propia definición de amor de la ética o la filosofía?

De acuerdo con este versículo, el amor es la búsqueda de nuestro gozo en el gozo santo del ser amado. No hay manera de excluir del amor el propio interés, pero interés propio no es lo mismo que egoísmo. El egoísmo busca su propia felicidad a costa de los demás. El amor busca su felicidad *en la* felicidad del amado. Hasta sufrirá y morirá para que su gozo sea pleno en la vida y pureza del amado.

Para que el esposo sea una persona obediente deberá amar a su esposa de la manera en que Cristo amó a la iglesia. Esto significa que deberá buscar su propio gozo en el gozo de su esposa. «Así también los esposos deben amar a sus esposas como a su propio cuerpo. El que ama a su esposa, se ama a sí mismo» (versículo 28). En otras palabras, los esposos deberían invertir en hacer felices a sus esposas la misma cantidad de energía, tiempo y creatividad que invierten en su propia felicidad. El resultado será que, al hacerlo, se harán felices a ellos mismos. Porque el que ama a su esposa se ama a sí mismo. Y ya que la esposa es una sola carne con su esposo, lo mismo aplica al amor de ella por él.

> Exhiban la gloria de Dios al buscar su gozo en el gozo del amado.

Pablo no construye una represa contra el río del hedonismo; le construye un cauce. Por eso le pide a los esposos y esposas, reconozcan que en el matrimonio se han vuelto una sola carne. Si vives para tu placer a expensas del de tu cónyuge, estas yendo en contra de tu propia persona y destruyendo tu gozo. Pero si te dedicas con todo el corazón al gozo santo de tu cónyuge, también estarás viviendo por tu propio gozo y haciendo un matrimonio a la imagen de Cristo y su iglesia». Esto es lo que Dios planeó para el matrimonio: exhiban la gloria de Dios al buscar su gozo en el gozo del amado.

CAPÍTULO 8

¿Qué significa para las finanzas?

El dinero es la divisa del hedonismo cristiano. Lo que hagas con él —o desees hacer con él— puede determinar tu felicidad para siempre. La Biblia deja en claro que lo que sientas sobre el dinero puede destruirte: «Los que quieren enriquecerse caen en la trampa de la tentación, y en muchas codicias necias y nocivas, que hunden a los hombres en la destrucción y la perdición» (1 Timoteo 6:9).

Este pasaje nos enseña a utilizar nuestros bienes de manera que nos traigan una ganancia mayor y más duradera. Es decir, respalda al hedonismo cristiano. Confirma que no solo está permitido, sino también encomendado por Dios, que nos alejemos de la destrucción y busquemos el placer pleno y eterno. Insinúa que todos los males de este mundo no provienen de nuestros intensos deseos de felicidad, sino por el contrario: estos deseos son tan débiles que hacen que nos conformemos con placeres efímeros que se pueden comprar con dinero, que no satisfacen nuestros anhelos más profundos, sino que al final destruyen nuestra alma. La raíz de todos los males es que somos el tipo de gente que se conforma con el amor al dinero en lugar del amor por Dios (1 Timoteo 6:10).

1 Timoteo 6:5-10 es tan crucial que deberíamos pensarlo con más detenimiento. Pablo le está advirtiendo a Timoteo sobre aquellos que:

> ...piensan que la religión es un medio de obtener ganancias. Es cierto que con la verdadera religión se obtienen grandes ganancias, pero solo si uno está satisfecho con lo que tiene. Porque nada trajimos a este mundo, y nada podemos llevarnos. Así que, si tenemos ropa y comida, contentémonos con eso. Los que quieren enriquecerse caen en la tentación y se vuelven esclavos de sus muchos deseos. Estos afanes insensatos y dañinos hunden a la gente en la ruina y en la destrucción. Porque el amor al dinero es la raíz de toda clase de males. Por codiciarlo, algunos se han desviado de la fe y se han causado muchísimos sinsabores (NVI).

En otras palabras, cuídese de los embusteros habilidosos que han descubierto que pueden sacar rédito de un incremento en la religión. De acuerdo con el versículo 5, estos muchachos ven la religión como un medio para obtener ganancia.

Tienen una adicción al dinero tan fuerte que la verdad tiene un lugar muy pequeño en sus emociones. No se «gozan en la verdad». Se gozan en la evasión de impuestos. Están dispuestos a utilizar cualquier interés popular que surja para hacer unas monedas. Si la cifra es grande e ilegal, no importa usar estrategias de publicidad engañosa. Si la piedad se puede vender, entonces la venden.

Pablo podría haber reaccionado a este esfuerzo por convertir la religión en ganancia diciendo: «Los cristianos hacen el bien por el bien mismo. No son motivados por el dinero». Pero eso *no es* lo que dijo Pablo. Dijo: «Con la verdadera religión se obtienen grandes ganancias, pero solo si uno está satisfecho con lo que tiene» (versículo 6). En vez de decir que los cristianos no viven por la ganancia, dice que los cristianos deben vivir por una ganancia *mayor* que la que tienen los amantes del dinero entrenados. La verdadera religión es la manera de obtener esta gran ganancia, pero solo si nos contentamos con la simpleza y no en la codicia de riquezas. «La verdadera religión *junto al contentamiento* es la gran ganancia».

Si tu santidad te ha liberado del deseo de ser rico y te ha ayudado a estar contento con lo que tienes, entonces tu santidad es tremendamente rentable. «Porque el ejercicio corporal es poco provechoso, pero la piedad es provechosa para todo, pues cuenta con promesa para esta vida presente, y para la venidera» (1 Timoteo 4:8). La piedad que sobrepasa el deseo de la riqueza material produce gran riqueza espiritual. El punto del versículo 6 es que es muy rentable no ir en búsqueda de la riqueza.

Lo que sigue en los versos 7-10 son tres razones por las cuales no deberíamos buscar riquezas.

Pero primero déjenme introducir una aclaración. Muchos negocios legítimos dependen de grandes concentraciones de capital. No se puede construir una planta productora (que emplea a miles de personas y fabrica un producto que vale la pena) sin millones de dólares en acciones. Por lo tanto, los directores financieros a menudo tienen la responsabilidad de generar reservas.

Cuando la Biblia condena el deseo de hacerse rico, no está necesariamente condenando a un negocio que apunta a expandirse y, por ende, busca aumentar sus reservas de capital. Los directores de esos negocios pueden tener codicia de riqueza personal, o pueden tener motivos mayores y más nobles sobre cómo el aumento de su productividad traerá un beneficio a la gente.

Aun cuando un ejecutivo comercial cualificado acepte un aumento de sueldo o un puesto mayor, no es suficiente para condenarlo por el deseo de ser rico. Puede haber aceptado el trabajo porque anhela tener poder, estatus y lujos. O, contento con lo que tiene, puede tener intenciones de usar el dinero extra para fundar una agencia de adopción, o financiar becas de estudio, o respaldar misioneros, o fundar un ministerio que ayude en los barrios marginales de la ciudad.

Trabajar para ganar dinero para la causa de Cristo no es lo mismo que desear ser adinerado. Lo que Pablo nos está advirtiendo no es acerca del deseo de ganar dinero para satisfacer nuestras necesidades y las necesidades de otros. Pablo nos advierte sobre el deseo de tener más y más riqueza con el aumento del ego y los lujos materiales que el dinero puede proveer.

Observemos las tres razones para no aspirar a ser rico que Pablo da en los versículos 7-10.

Primero, en el versículo 7 dice: «Porque nada trajimos a este mundo, y nada podemos llevarnos». No hay camiones de mudanzas siguiendo a los coches fúnebres.

La persona que se pasa la vida intentando ser rico es necia, está fuera de contacto con la realidad. Nos iremos del mismo modo en que vinimos. Imaginemos cientos de personas entrando en la eternidad luego de la caída de un avión en medio del mar de Japón. Se paran ante Dios absolutamente despojados de tarjetas de crédito, chequeras, ropa fina, libros sobre cómo lograr el éxito y reservas en hoteles cinco estrellas. Aquí están el político, el ejecutivo, el *playboy* y el niño misionero, todos al mismo nivel con nada en sus manos, más que lo que trajeron en su corazón. ¡Qué absurdo y trágico se verá el amante del dinero ese día!

No gastes tu valiosa vida tratando de obtener riqueza, dice Pablo: «Porque nada trajimos a este mundo, y nada podemos llevarnos».

Segundo, en el versículo 8 Pablo añade otra razón para no buscar enriquecimiento: «Así que, si tenemos ropa y comida, contentémonos con eso». Los cristianos pueden y deben tener contento con las necesidades vitales. Cuando tienes a Dios cerca de ti y a tu favor, no necesitas dinero extra o cosas de más para tener paz y seguridad. Hebreos 13:5-6 deja esto claro como el agua:

> «Vivan sin ambicionar el dinero. Más bien, confórmense con lo que ahora tienen, porque Dios ha dicho: «No te desampararé, ni te abandonaré». Así que podemos decir con toda confianza: «El Señor es quien me ayuda; no temeré lo que pueda hacerme el hombre.»

No importa hacia donde esté yendo el mercado, Dios siempre es mejor que el oro. Sus promesas de ayuda cortan los lazos del amor al dinero.

La tercera razón para no buscar la riqueza es que esa búsqueda acabará destruyendo tu vida. Este es el punto de los versículos de Timoteo 6:9-10:

> «Los que quieren enriquecerse caen en la tentación y se vuelven esclavos de sus muchos deseos. Estos afanes

insensatos y dañinos hunden a la gente en la ruina y en la destrucción. Porque el amor al dinero es la raíz de toda clase de males. Por codiciarlo, algunos se han desviado de la fe y se han causado muchísimos sinsabores (NVI)».

No hay ningún hedonista cristiano que quiera hundirse en la ruina y la destrucción y causarse sinsabores. Por lo tanto, ningún cristiano hedonista desea ser rico. En cambio, queremos usar nuestro dinero para maximizar nuestro gozo del modo en que Cristo nos enseñó. Jesús no está en contra de las inversiones. Está en contra de las malas inversiones; concretamente, de poner nuestro corazón en las comodidades y seguridades que el dinero puede comprar en este mundo.

El dinero está para invertirlo en las ganancias eternas del cielo: «acumulen tesoros en el cielo» (Mateo 6:20). ¿Cómo? Lucas 12:32-34 nos da una respuesta:

«Ustedes son un rebaño pequeño. Pero no tengan miedo, porque su Padre ha decidido darles el reino. Vendan lo que ahora tienen, y denlo como limosna. Consíganse bolsas que no se hagan viejas, y háganse en los cielos un tesoro que no se agote. Allí no entran los ladrones, ni carcome la polilla. Porque donde ustedes tengan su tesoro, allí también estará su corazón».

Así que la respuesta a cómo acumular tesoros en el cielo está en gastar tus tesoros terrenales para expandir la misericordia de Cristo aquí en la tierra. Dar a aquellos que necesitan, es así como serás provisto de relojes de diamantes en el cielo. Fíjate que Jesús no dice simplemente que el tesoro en el cielo será el resultado inesperado de nuestra generosidad en la tierra. No, dice que tenemos que buscar ese tesoro en el cielo. ¡Acumularlo! «Procúrense sus relojes de diamantes ¡un tesoro infalible en el cielo!». Esto es hedonismo cristiano en todo su esplendor.

> Dios no se glorifica cuando nos guardamos (por más agradecidos que estemos) los recursos que deberíamos estar usando para aliviar las miserias de aquellos millones que no han oído de Dios, que no recibieron evangelización, educación, salud o comida.

Dios no se glorifica cuando nos guardamos (por más agradecidos que estemos) los recursos que deberíamos estar usando para aliviar las miserias de aquellos millones que no han oído de Dios, que no recibieron evangelización, educación, salud o comida. La evidencia de que muchos cristianos profesos han sido engañados por el comercialismo y materialismo occidental es cuánto poseemos y cuán poco damos. Y por una ley de consumismo casi irresistible hemos comprado casas más grandes (y más casas), autos más nuevos (y más autos), ropa más sofisticada (y más ropa), mejor (y más) carne, y toda clase de baratijas y artefactos y envases y dispositivos y equipamiento para hacer la vida más entretenida.

Algunos cristianos pueden objetar: ¿No promete la Biblia que Dios prosperará a su pueblo? ¡Claro que sí! Dios aumenta nuestra cosecha para que demostremos al dar que nuestra ganancia no es nuestro dios. Dios no prospera el negocio de una persona para que pueda cambiar el auto de un Ford a un BMW. Él no hace prosperar un negocio para que miles de personas sean alcanzadas con el evangelio. Lo hace prosperar para que el veinte por ciento de la población mundial pueda dar un paso atrás en el precipicio de la hambruna.

La vida es una guerra. Los heridos son millones y las lanzas son eternas. Lo que necesitamos hoy no es un llamado a la simpleza, sino un llamado a la guerra. Debemos pensarlo en términos de una «economía de guerra» en vez de una «economía de simpleza». He utilizado el término «necesidades vitales» porque Pablo, en 1 Timoteo 6:8, dijo: «Así que, si tenemos ropa y comida, contentémonos con eso». Pero esta idea de sencillez o austeridad puede ser desorientadora. Me refiero a un estilo de vida que es libre de lo no esencial; y el criterio de «esencial» no debería ser simpleza primitiva, sino efectividad propia de tiempos de guerra.

El misionero visionario Ralph Winter ilustra esta idea de economía de guerra:

El Queen Mary, que está en el puerto de Long Beach, California, es un museo fascinante del pasado. Utilizado tanto como transatlántico de lujo en tiempo de paz como para transportar tropas durante la Segunda Guerra Mundial, en la actualidad su papel como museo con la capacidad de tres estadios de fútbol proporciona un sorprendente contraste entre los estilos de vida propios de tiempos de paz y de tiempos de guerra. En una zona separada por un tabique se ve el comedor reconstruido que representa la mesa en período de paz, según los cánones de riqueza de la cultura de la clase alta, para quienes un deslumbrante batallón de cuchillos, tenedores y cucharas no suponen ningún misterio. Al otro lado del tabique, contrastan profundamente las evidencias de la austeridad de los tiempos de guerra. Una bandeja de metal mellada sustituye quince bandejas y platos. Literas no dobles, sino de ocho pisos, explican por qué la capacidad para 3 000 personas dio paso a 15 000 en tiempos de guerra. ¡Cuán repugnante para los señores de los tiempos de paz debió de ser esa transformación! Se hizo por una emergencia nacional, por supuesto. La supervivencia de una nación dependía de ello. La esencia de la Gran Comisión hoy es que la supervivencia de muchos millones de personas depende de su cumplimiento.[23]

La vida es una guerra. En esta atmósfera, decir que es el derecho de un cristiano vivir de manera lujosa, «como un hijo del Rey», suena totalmente superficial; especialmente considerando que el Rey mismo dejó todo por la batalla.

El mensaje del hedonismo cristiano se entiende claramente en 1 Timoteo 6. Se trata sobre todo acerca del dinero, y su objetivo es ayudarnos a poner la mirada en la vida eterna. Tengan cuidado del deseo de enriquecerse (versículo 9). «Presenta la buena batalla de la fe, aférrate a la vida eterna» (versículo 12). Pablo nunca se aventura en lo innecesario. Vive en las orillas de la eternidad. Por eso es que tiene una visión tan clara de las cosas. Tú quieres una «vida verdadera» (versículo 19 NVI), ¿no es cierto? No quieres una vida de ruina y destrucción y sinsabores del corazón, ¿no es así? (versículos 9-10). Quieres toda la ganancia que trae la piedad, ¿o no? (versículo 6).

Pues entonces utiliza la divisa del hedonismo cristiano de manera sabia: no desees hacerte rico; conténtate con las necesidades propias de tiempos de guerra; pon toda su esperanza en Dios; aléjate del orgullo; y deja que tu gozo en Dios se derrame en la riqueza de la generosidad ante un mundo perdido y necesitado.

En esta atmósfera, decir que es el derecho de un cristiano vivir de manera lujosa, «como un hijo del Rey», suena totalmente superficial; especialmente considerando que el Rey mismo dejó todo por la batalla.

CAPÍTULO 9

¿Qué significa para las misiones?

Luego de lo que vimos acerca del dinero, está claro que el grito de batalla del hedonismo cristiano son las misiones al mundo: sacrificar las comodidades y seguridades de casa para ir tras los que no han sido alcanzados. Paradójicamente, allí donde los sacrificios son mayores, el gozo es más profundo. Y la búsqueda de aquel gozo es el motor que impulsa la evangelización a nivel mundial.

Después de que Jesús dijera a sus discípulos que será difícil para los ricos entrar en el reino de Dios (Marcos 10:23), Pedro dijo: «Como sabes, nosotros lo hemos dejado todo, y te hemos seguido» (versículo 28). Es evidente que Jesús percibió allí un rastro de autocompasión. Lo que le respondió a Pedro ha causado que miles de misioneros dejaran sus hogares para seguir a Cristo hasta los confines de la tierra. Jesús dijo:

«De cierto les digo: No hay nadie que por causa de mí y del evangelio haya dejado casa, hermanos, hermanas, madre, padre, hijos, o tierras, que ahora en este tiempo no reciba, aunque con persecuciones, cien veces más casas, hermanos, hermanas, madres, hijos, y tierras, y en el tiempo venidero la vida eterna» (Marcos 10:29-30).

Esto no significa que ser misionero le traerá riquezas materiales. Si se ofrece como voluntario para las misiones con esa intención, el Señor lo confrontará con las siguientes palabras: «Las zorras tienen guaridas, y las aves de los cielos tienen nidos, pero el Hijo del Hombre no tiene dónde recostar su cabeza» (Lucas 9:58).

Por el contrario, el punto es que, si por servir a Cristo tienes que sacrificar tiempo con tu familia terrenal, serás compensado cien veces más en tu familia espiritual, la iglesia. Sí, pero ¿qué hay de los misioneros solitarios que trabajan por años sin estar rodeados de cientos de hermanos y hermanas y madres e hijos en la fe? ¿La promesa es real para ellos?

Sí, lo es. Sin duda lo que Jesús quiere decir es que Él es la recompensa por cada sacrificio. Si renuncias al afecto cercano y la preocupación de una madre, lo obtienes cien veces más en el afecto y preocupación del Cristo omnipresente. Si renuncias a la camaradería cálida de un hermano, obtienes cien veces más calidez y camaradería en Cristo. Si renuncias al sentimiento de bienestar que tenías en tu casa, obtienes cien veces más comodidad y la seguridad de saber que tu Señor es dueño de todas las casas y los suelos y ríos y árboles sobre la tierra. A los potenciales misioneros, Jesús les dice: prometo estar contigo (Mateo 28:20). *Trabajaré* para ti y *estaré* tan cerca de ti que no podrás decir que has sacrificado algo.

En esencia, Jesús dice que cuando uno se «niega a sí mismo» en nombre de Cristo y del evangelio, está renunciando a un bien menor en pos de un bien mayor. En otras palabras, Él quiere que veamos el sacrificio de un modo que descarte la más mínima autocompasión. Esto es, de hecho, lo que enseñan los versículos acerca de negarse a sí mismo.

> «Si alguno quiere seguirme, niéguese a sí mismo, tome su cruz, y sígame. Porque todo el que quiera salvar su vida, la perderá, y todo el que pierda su vida por causa de mí y del evangelio, la salvará» (Marcos 8:34-35).

Jesús no nos pide que seamos indiferentes a nuestro propio malestar. Al contrario, Él asume que el anhelo por la vida verdadera nos llevará a rechazar todos los placeres y facilidades que están por debajo de ella. La medida de nuestra sed de vida es la cantidad de comodidad que estamos dispuestos a ceder para obtenerla. El regalo de la vida eterna en la presencia de Dios se glorifica si estamos dispuestos a aborrecer nuestra vida en este mundo a fin de guardarla (Juan 12:25). Allí yace el valor espiritual de la negación del yo.

Esta es la razón por la cual tantos misioneros han dicho, luego de una vida entera de gran sacrificio: «Nunca hice sacrificio alguno». El 4 de diciembre de 1857, David Livingstone, el gran pionero de las misiones en África, hizo un pedido emotivo a los estudiantes de la Universidad de Cambridge, mostrando que tras años de experiencia había aprendido lo que Jesús intentaba enseñarle a Pedro:

> La gente habla del sacrificio que yo he hecho al pasar tantos años de mi vida en África… ¡Olvídense de esa palabra y de ese pensamiento! Les digo enfáticamente que no se trató de ningún sacrificio. Digamos más bien que ha sido un privilegio. La ansiedad, la enfermedad, el sufrimiento o el peligro, de vez en cuando, con la privación de las comodidades más comunes y los afectos de esta vida, tal vez nos lleven a detenernos por un instante, y provoquen que el espíritu vacile y que el alma se deprima; pero que sea solo por un momento. Todas esas cosas no son nada comparadas con la gloria que será revelada en, y para, nosotros (Romanos 8:18). Nunca hice sacrificio alguno.[24]

El gran incentivo para dedicar nuestra vida a la causa de las misiones es el retorno de la inversión en un 10 000 por ciento. Los misioneros han dado testimonio de esto desde el principio, desde el apóstol Pablo.

Pero todo lo que para mí era ganancia, lo he estimado como pérdida, por amor de Cristo. Y a decir verdad, incluso estimo todo como pérdida por la excelencia del conocimiento de Cristo Jesús, mi Señor. Por su amor lo he perdido todo, y lo veo como basura, para ganar a Cristo... a fin de conocer a Cristo y el poder de su resurrección, y de participar de sus padecimientos, para llegar a ser semejante a él en su muerte (Filipenses 3:7-8, 10).

Porque estos sufrimientos insignificantes y momentáneos producen en nosotros una gloria cada vez más excelsa y eternal (2 Corintios 4:17; ver Romanos 8:18).

Es asombroso lo consistentes que son los testimonios de misioneros que han sufrido por el evangelio. Prácticamente todos ellos son testigos de la abundancia de gozo y las importantes recompensas.[25]

Las misiones son el derramamiento y desborde automático del amor por Cristo. Nos complace aumentar nuestro gozo en Él al expandirlo hacia los demás. Como dijo Lottie Moon: «Verdaderamente, no hay mayor gozo que salvar almas».[26]

En 1897, Samuel Zwemer junto a su esposa y dos hijas, navegaron hacia el Golfo Pérsico para trabajar entre los musulmanes de Baréin. Su evangelismo fue, por demás, fructífero. En julio de 1904 ambas hijas, de cuatro y siete años de edad, murieron con ocho días de diferencia. Sin embargo, cincuenta años después, Zwemer reflexionó sobre aquel tiempo y escribió: «Recuerdo el profundo gozo en medio de todo aquello. Con alegría volvería a pasar por eso».[27]

El gran incentivo para dedicar nuestra vida a la causa de las misiones es el retorno de la inversión en un 10 000 por ciento. Los misioneros no son héroes que pueden vanagloriarse de su sacrificio por Dios. Ellos son los verdaderos cristianos hedonistas. Saben que el grito de guerra del hedonismo cristiano son las misiones. Han hallado cien veces más gozo y satisfacción en una vida devota a Cristo y el evangelio que en una vida devota de las comodidades, los placeres frívolos y el progreso terrenal. El sufrimiento, la desilusión, la pérdida, sí; pero todo compensado por la promesa superior de lo que Dios es para ellos en Jesús. Se han tomado a pecho el regaño de Jesús: ¡cuídense del sacrificio por autocompasión! ¡Las misiones son ganancia! ¡Ganancia multiplicada!

El 8 de enero de 1856, cinco indios aucas de Ecuador mataron a Jim Elliot y sus cuatro compañeros en la misión al intentar llevar el evangelio. Cinco esposas jóvenes perdieron a sus esposos y nueve hijos perdieron a sus padres. Elisabeth Elliot dijo que el mundo describió el episodio como una pesadilla trágica. Luego añadió: «El mundo no reconoció la verdad de la segunda condición en el credo de Jim Elliot»:

No es tonto aquel que da lo que no puede retener para ganar lo que no puede perder.[28]

Dios no ha puesto a Jim Elliot, Samuel Zwemer y Lottie Moon en el mundo simplemente para ejemplificar el gozo en la tribulación, sino también para despertar nuestra pasión por imitarlos. En Hebreos 13:7 Pablo dijo: «Consideren cuál fue el resultado de su estilo de vida, e imiten su fe» (NVI). Y, en Hebreos 6:12, dijo: «Sigan el ejemplo de quienes por medio de la fe y la paciencia heredan las promesas». Entonces, si encuentras en tu alma un anhelo por la clase de satisfacción en Dios que hizo libres a estos santos por el sacrificio del amor, saboréalo, y aviva esas chispas con oración antes de que Satanás las apague. Puede que este sea un momento decisivo en tu vida.

Un llamado final

El hedonismo cristiano es el llamado de Dios a abrazar el riesgo y la realidad de sufrir por el gozo puesto delante de nosotros. Cristo *escogió* el sufrimiento. No es algo que simplemente le ocurrió. Él lo eligió como la forma de crear y perfeccionar a la iglesia. Jesús nos llama a tomar nuestra cruz y seguirlo por la vía del Calvario, negarnos a nosotros mismos y hacer sacrificios para ministrar a la iglesia y presentar sus sufrimientos al mundo. Pero nunca olvidemos que, como predicó Jonathan Edwards en 1723, «la negación al yo destruye la propia raíz y el fundamento de la tristeza».[29]

La respuesta a este llamado es una actitud radical de hedonismo cristiano. Nosotros no elegimos sufrir simplemente porque es lo correcto, sino porque Aquel que nos lo dice lo describe como la senda hacia el gozo eterno. Dios nos señala la obediencia del sufrimiento, no para demostrar la fuerza de nuestra devoción a la tarea, ni para revelar el vigor de nuestra determinación moral, ni para probar la profundidad de nuestra tolerancia al dolor; en cambio, desea manifestar, en una fe inocente, la infinita belleza de sus promesas que todo lo satisfacen.

Esta es la esencia del hedonismo cristiano. En la búsqueda del gozo a través del sufrimiento, magnificamos el valor de la Fuente de nuestro gozo. Jesucristo es la meta y el cimiento de nuestro gozo en el dolor. Por lo cual, el significado detrás de nuestro sufrimiento que exalta a Cristo es el siguiente: ¡Cristo es ganancia! ¡Oh, mundo, levántate y mira! ¡Cristo es ganancia!

> Esta es la esencia del hedonismo cristiano. En la búsqueda del gozo a través del sufrimiento, magnificamos el valor de la Fuente de nuestro gozo.

El fin principal del hombre es glorificar a Dios. Eso es más cierto en el sufrimiento que en cualquier otra situación, que *Dios es más glorificado en nosotros cuanto más satisfechos en Él estamos.* Mi oración, por lo tanto, es que el Espíritu Santo derrame sobre su pueblo en todo el mundo una pasión por la supremacía de nuestro Señor y Dios, Jesucristo. Perseguir el gozo en Cristo, cualquiera sea el dolor que conlleve, es un poderoso testimonio del valor supremo de Cristo, capaz de satisfacer todas las necesidades. Y así sucederá que todos los pueblos del mundo verán la belleza del Señor, la imagen de Dios, y glorificarán su gracia en la alegría de la fe salvadora.

El dios glorificado

Utilizamos la expresión «gloria de Dios» tan seguido que tiende a perder su fuerza bíblica. Pero el sol no resplandece menos y no es menos beneficioso solo porque la gente lo ignore.

De cualquier modo, a Dios no le agrada ser ignorado. «Ustedes, los que se olvidan de mí, entiendan bien esto; no vaya a ser que los despedace y no haya quien los libre de mí» (Salmos 50:22). Entonces ¿qué es la gloria de Dios? ¿Qué tan importante es?

¿QUÉ ES LA GLORIA DE DIOS?

La gloria de Dios es la santidad de Dios expuesta. Es decir, la dignidad infinita de Dios puesta de manifiesto. Nota cómo Isaías cambia de «santo» a «gloria»: «*¡Santo, santo, santo, es el Señor de los ejércitos! ¡Toda la tierra está llena de su* *gloria*!» (Isaías 6:3). Cuando la santidad de Dios llena la tierra para que la gente pueda verla, eso se llama *gloria*.

El significado básico de *santo* es «separado». Por eso, cuando lleva esa definición al punto de la «separación» infinita de Dios de todo lo que es común, el efecto es convertirlo en el infinito «uno de una sola clase», como si fuera el diamante más extraño y perfecto que existe en el mundo. Solo que no hay otros dioses-diamantes. La singularidad de Dios como único Dios —su Deidad— lo hace infinitamente valioso, es decir, santo.

El significado más común de la gloria de Dios en la Biblia supone que este infinito valor ha entrado en la experiencia de lo creado. Ha brillado, por decirlo así. La gloria de Dios es el fulgor de su santidad. Es la emanación de su infinito valor. Y cuando emana, es visto como hermoso y maravilloso. Tiene tanto una cualidad como una magnitud infinitas. De modo que podemos definir la gloria de Dios como *la belleza y la grandeza de las perfecciones múltiples de Dios*.

Digo «perfecciones múltiples» porque se dice que algunos aspectos específicos del ser de Dios poseen gloria. Por ejemplo: «la gloria de su gracia» (Efesios 1:6) y «la gloria de su poder» (2 Tesalonicenses 1:9). Dios mismo es glorioso porque Él es perfecta unidad de todas sus múltiples y gloriosas perfecciones.

Esta definición, sin embargo, debe ser legitimada. La Biblia también habla sobre la gloria de Dios *antes* de ser revelada en la creación. Por ejemplo, Jesús ora: «Ahora pues, Padre, glorifícame tú al lado tuyo, con aquella gloria que tuve contigo antes de que el mundo existiera» (Juan 17:5). Entonces yo sugeriría una definición parecida a esta: *La gloria de Dios es el resplandor exterior de la belleza intrínseca y la grandeza de sus múltiples perfecciones.*

Entiendo que las palabras aquí no alcanzan para describirlo. He reemplazado una palabra inadecuada por otras dos: *gloria* por *belleza* y *grandeza*. Pero debemos intentarlo. Dios se ha revelado a sí mismo a nosotros con palabras como «la gloria de Dios». Y Él no quiere que ellas queden carentes de significado.

Constantemente debemos recordarnos que estamos hablando de una gloria que en última instancia está fuera de toda comparación. «La gloria de Dios» es la forma en que nombramos la belleza y la grandeza infinita de la Persona que ya estaba aquí antes que ninguna otra cosa existiera. En otras palabras, es la belleza y la grandeza que existe sin un origen, sin comparación, sin analogía, sin ser juzgada o evaluada por ningún criterio externo. Es el original absoluto de la grandeza y la belleza. Toda grandeza y belleza que han sido creadas parten desde aquí, y se remiten a este lugar, pero no logran reproducirlas de manera integral o adecuada.

«La gloria de Dios» es una forma de decir que hay una realidad objetiva y absoluta hacia la cual apunta toda admiración humana, asombro, veneración, adoración, honra, aclamación y alabanza. Fuimos creados para encontrar nuestro placer más hondo en admirar eso que es infinitamente admirable, es decir, la gloria de Dios. La gloria de Dios no es la proyección psicológica del deseo humano sobre la realidad. Por el contrario, el deseo humano inconsolable es la evidencia de que fuimos creados para la gloria de Dios.

¿QUÉ TAN CENTRAL ES LA GLORIA DE DIOS EN LA BIBLIA?

La gloria de Dios es el fin de todas las cosas. «Así que, si ustedes comen o beben, o hacen alguna otra cosa, háganlo todo para la gloria de Dios» (1 Corintios 10:31). Todas las cosas fueron creadas para la gloria de Dios (Isaías 43:6-7).

La gran misión de la iglesia es declarar la gloria de Dios entre las naciones. «¡Proclamen su gloria entre las naciones, y sus maravillas entre todos los pueblos!» (Salmos 96:1-3; Ezequiel 39:21; Isaías 66:18-19).

¿CUÁL ES NUESTRA ESPERANZA? VER LA GLORIA DE DIOS

Ver la gloria de Dios es nuestra esperanza mayor. «...y nos regocijamos en la esperanza de la gloria de Dios» (Romanos 5:2). Dios es poderoso para «presentarlos intachables delante de su gloria con gran alegría» (Judas 1:24). Él «se las mostró a los vasos de misericordia que él de antemano preparó para esa gloria» (Romanos 9:23). «...Dios, que los llamó a su reino y gloria» (1 Tesalonicenses 2:12). «…aguardamos la bendita esperanza y la gloriosa manifestación de nuestro gran Dios y Salvador Jesucristo» (Tito 2:13).

Jesús, en toda su persona y obra, es la encarnación y la revelación final de la gloria de Dios. «Él es el resplandor de la gloria de Dios. Es la imagen misma de lo que Dios es» (Hebreos 1:3). «Padre, quiero que donde yo estoy también estén conmigo aquellos que me has dado, para que vean mi gloria» (Juan 17:24).

¿CUÁL ES NUESTRA ESPERANZA? SER PARTÍCIPES DE LA GLORIA DE DIOS

«Yo, que soy anciano como ellos, testigo de los sufrimientos de Cristo y *partícipe con ellos de la gloria* que se ha de revelar» (1 Pedro 5:1 NVI). «La creación misma será liberada de la esclavitud de corrupción, para así alcanzar la *libertad gloriosa de los hijos de Dios*» (Romanos 8:21). «Hablamos de la sabiduría oculta y misteriosa de Dios, que desde hace mucho tiempo Dios había predestinado para nuestra gloria» (1 Corintios 2:7). «Porque esta leve tribulación momentánea produce en nosotros un cada vez más excelente y eterno peso de gloria» (2 Corintios 4:17 RV60). «…y a los que justificó, también los glorificó» (Romanos 8:30).

ESTUDIAR EL EVANGELIO Y ANALIZAR NUESTRA ALMA

Apreciar y ser partícipes de la gloria de Dios es nuestra mayor esperanza a través del evangelio de Cristo.

La esperanza que es verdaderamente conocida y atesorada tiene un efecto decisivo en nuestros valores, elecciones y acciones presentes.

Conozcamos la gloria de Dios. Estudiemos la gloria de Dios, la gloria de Cristo, la gloria del mundo que revela la gloria de Dios, la gloria del evangelio que revela la gloria de Cristo.

Atesoremos la gloria de Dios por encima de todo lo demás.

Analiza tu alma. Conoce la gloria que te seduce y por qué atesoras otras glorias que no son la gloria de Dios. Analiza tu alma para saber cómo hacer que las glorias del mundo colapsen como Dagón (1 Samuel 5:4) en las patéticas piezas esparcidas en el suelo de los templos de este mundo.

Únete a mí en el deseo por ver y ser partícipes de más de la gloria de Cristo, la imagen de Dios.

El alma satisfecha

El hedonismo cristiano nos dice que *Dios se glorifica más en nosotros cuanto más satisfechos en Él estamos.* El fundamento de esto es profundo, y las implicancias son tan altas como el infinito y tan largas como la eternidad (ambas direcciones).

Un lugar en el que encontramos el fundamento es Filipenses 1:20-21, donde Pablo dice: «mi anhelo y esperanza [es] que… Cristo [sea] magnificado en mi cuerpo… por muerte. *Porque* para mí… el morir es ganancia». Su pasión es que Cristo sea magnificado en su muerte. La explicación de Pablo es que, para él, «la muerte es *ganancia*». La razón de esto es que morir es «partir y estar con Cristo» (versículo 23).

Por lo tanto, Pablo creía que *Cristo es magnificado al alcanzar tal satisfacción en Cristo* que dejar todo atrás en la muerte no significa pérdida sino ganancia. Por eso dice en

Filipenses 3:8: «Estimo todo como pérdida por la excelencia del conocimiento de Cristo Jesús, mi Señor».

Para concluir: Cristo se magnifica más en nosotros cuanto más satisfechos en Él estamos, especialmente en el sufrimiento y la muerte. Por eso la bandera del hedonismo cristiano dice: *Dios se glorifica más en nosotros cuanto más satisfechos en Él estamos.*

Las *implicancias* de esto son profundas. Una de las más grandes es que debemos, por lo tanto, buscar nuestro gozo en Dios. *¡Debemos!* (No *podemos*). El principal asunto de nuestro corazón es maximizar nuestra satisfacción en Dios. No en sus bendiciones, no importa cuán buenas sean, sino en Él.

Aquí tienes ocho razones bíblicas para buscar su mayor y más duradera satisfacción en Dios.

1. Fuimos llamados a perseguir la satisfacción

Salmos 100:2, «¡Sirvan al Señor con alegría!». Filipenses 4:4, «Regocíjense en el Señor siempre». Salmos 37:4, «Disfruta de la presencia del Señor».

2. Estamos en peligro si no perseguimos la satisfacción en Dios

Deuteronomio 28:47-48 (RV60), «Por cuanto no serviste a Jehová tu Dios con alegría y con gozo de corazón… servirás, por tanto, a tus enemigos ».

3. La naturaleza de la fe nos enseña sobre la búsqueda de satisfacción en Dios

Hebreos 11:6, «Sin fe es imposible agradar a Dios, porque es necesario que el que se acerca a Dios crea que él existe, y que sabe recompensar a quienes lo buscan».

4. La naturaleza de los males nos enseña sobre la búsqueda de satisfacción en Dios

Jeremías 2:12-13, «Ustedes los cielos, ¡espántense al ver esto! ¡Horrorícense! ¡Llénense de angustia! —Palabra del Señor. Son dos los males en que ha incurrido mi pueblo: Me han dejado a mí, que soy fuente de agua viva, y han cavado sus propias cisternas, ¡tan agrietadas que no retienen el agua!»

5. La naturaleza de la conversión nos enseña sobre la búsqueda de satisfacción en Dios

Mateo 13:44, «El reino de los cielos es semejante a un tesoro escondido en un campo. Cuando alguien encuentra el tesoro, lo esconde de nuevo y, *muy feliz*, va y vende todo lo que tiene, y compra ese campo».

6. El llamado a morir al yo nos enseña sobre la búsqueda de satisfacción en Dios

Marcos 8:34-36, «Si alguno quiere seguirme, niéguese a sí mismo, tome su cruz, y sígame. Porque todo el que quiera salvar su vida, la perderá, y todo el que pierda su vida por causa de mí y del evangelio, *la salvará*. Porque ¿de qué le sirve a uno ganarse todo el mundo, si pierde su alma?»

7. El llamado a amar al prójimo nos enseña sobre la búsqueda de satisfacción en Dios

Hebreos 12:2, «Fijemos la mirada en Jesús, el autor y consumador de la fe, quien por el gozo que le esperaba sufrió la cruz y menospreció el oprobio, y se sentó a la derecha del trono de Dios». Hechos 20:35, «Hay más bendición en dar que en recibir».

8. El deber de glorificar a Dios nos enseña sobre la búsqueda de satisfacción en Dios

Filipenses 1:20-21, «Conforme a mi anhelo y esperanza de que… Cristo será [glorificado] en mi cuerpo, ya sea por vida o por muerte. Porque para mí el vivir es Cristo, y el morir es ganancia (satisfacción final y total en *Él*)».

Te invito a satisfacer tu alma uniéndote a George Mueller, el gran guerrero de la intercesión con un gran amor por los huérfanos, al decir: «Vi más claro que nunca que el asunto más importante que tengo que atender todos los días es asegurarme de que mi alma esté gozosa en el Señor». De este modo, podremos perderlo todo en sacrificios de amor y «contarlo por ganancia».

NOTAS FINALES

1. San Agustín. (2005). *Confesiones* (p. 21) (I, p.1). México: Porrúa. (Del original en inglés: *Confessions*. Nueva York: Penguin Books, 1961).
2. Kilby, C. (Ed.). (1968). *A Mind Awake: An Anthology of C. S. Lewis* [Una mente despierta: una antología de C.S. Lewis] (p. 22). Nueva York: Harcourt Brace and World.
3. Ibid., pp. 22-23.
4. San Agustín. *Confesiones* (p. 181) (IX, p. 1).
5. Pascal, B. (2019). *Pensamientos* (p.113). Madrid: Alianza Editorial. (Del original en inglés: *Pascal's Pensées*. Nueva York: E. P. Dutton, 1958). Pensamiento #425.
6. Baxter, R. (2003). *El reposo eterno de los santos* (p.17). Barcelona: Terrasa Clie. (Del original en inglés: *The Saints' Everlasting Rest*. Grand Rapids, Michigan: Baker Book House, 1978).

7. Henry, M. *Comentario a toda la Biblia: obra completa sin abreviar*, p. 1096. (Del original en inglés: *Commentary on the Whole Bibl*e. Old Tappab, Nueva Jersey: Fleming H. Revel, s.f., original 1708).

8. Edwards, J. (2009). The End for Which God Created the World [El fin por el cual Dios creó al mundo] en Piper, J., *La pasión de Dios por su gloria* (párrafo 72, p. 158). Miami, FL: Unilit.

9. Edwards, J. (1994). The Miscellanies (entrada a-z, 1-1500). En T. Schafer (Ed.), *The Works of Jonathan Edwards* [Las obras de Jonathan Edwards], vol. 13, p. 199. New Haven, Conn.: Yale University Press. Miscelánea #3.

10. Lewis, C.S. (2017). *El peso de la gloria y otros ensayos* (pp.1-2). Madrid: Rialp. (Del original en inglés: *The Weight of Glory and Other Addresses*. Grand Rapids, Michigan: Eerdmans, 1965).

11. Citado en Zwemer, S. (1999). The Glory of the Impossible [La Gloria de lo imposible]. En R. Winter y S. Hawthorne (Eds.), *Perspectives on the World Christian Movement*, 3ª edición, p.315. Pasadena, CA: William Carey Library.

12. Extracto de una carta a Sheldon Vanauken en Vanauken, A. (1977). *Severe Mercy* [Una severa misericordia] (p.189). Nueva York: Harper and Row.

13. Carnell, E. J. (1967). *Christian Commitment* [*Compromiso Cristiano*] (pp. 160-161). Nueva York: Macmillan.

14. *Propiciación* es una palabra extraña hoy en día. Ha sido reemplazada en muchas traducciones por palabras más comunes, como ser *expiación*, sacrificio expiatorio, etc. Yo la mantengo con el fin de acentuar el significado original, es decir, lo que Cristo hizo al morir en la cruz fue apaciguar la ira de Dios contra los pecadores. Al exigir de su Hijo tal humillación y sufrimiento por causa de la gloria de Dios, demostró abiertamente que Él no barre el pecado debajo de la alfombra. Todo desprecio por su gloria es debidamente castigado, ya sea en la cruz, donde la ira de Dios es propiciada por los que creen, o en el infierno, donde la ira de Dios es derramada sobre los que no.

15. Edwards, J. (1994). The Miscellanies, a-500. En T. Schafer (Ed.), *The Works of Jonathan Edwards* [*Las obras de Jonathan Edwards*], vol. 13, p. 495. New Haven, Conn.: Yale University Press. Miscelánea #448; ver también #87, pp. 251-252; #332, p. 410; #679 (no en el volumen de New Haven). Énfasis añadido. Estas Misceláneas fueron notas privadas de Edwards a partir de las cuales escribió sus libros, como *The End for Which God Created the World*. Yo he cambiado algo de puntuación de la edición de Yale.

16. Lewis, C. S. (2017). *El peso de la gloria y otros ensayos* (p.1-2). Madrid: Rialp. (Del original en inglés: *The Weight of Glory and Other Addresses*, pp. 1-2).

17. Lewis, C.S. (2010). *Reflexiones sobre los salmos* (pp.94-95). México D.F.: Planeta. (Del original en inglés: *Reflections on the Psalms*. Nueva York: Harcourt, Brace and World, 1958).

18. Edwards, J. (1974). Treatise Concerning the Religious Affections [Tratado sobre los afectos religiosos] en *The Works of Jonathan Edwards* [Las obras de Jonathan Edwards] (vol. 1, p. 237). Edimburgo: The Banner of Truth Trust.

19. Gozo (Salmos 100:2; Filipenses 4:4; 1 Tesalonicenses 5:16; Romanos 12:8, 12, 15), esperanza (Salmos 42:5; 1 Pedro 1:13), temor (Lucas 12:5; Romanos 11:20; 1 Pedro 1:17), paz (Colosenses 3:15), fervor (Romanos 12:11), llanto (Romanos 12:15; Santiago 4:9), deseo (1 Pedro 2:2), bondad (Efesios 4:32), quebrantamiento y contrición (Salmos 51:17), gratitud (Efesios 5:20; Colosenses 3:17), humildad (Filipenses 2:3).

20. San Agustín, *Confesiones*, p. 40, (X, xxix).

21. Edwards, J. *The End for Which God Created the World*, párrafo 119, p. 177.

22. Un proverbio norteamericano nativo. Ver Zona, G. A. (Ed). (1994). *The Soul Would Have No Rainbow if the Eye Had No Tears: And Other Native American Proverbs* [El alma no tendría un arcoíris si los ojos no tuvieran lágrimas: y otros proverbios americanos nativos]. Nueva York, Touchstone Books.

23. Winter, R. (1999). Reconsecration to a Wartime, not a Peacetime, Lifestyle. En R. Winter y S. Hawthorne (Eds.), Perspectives on the World Christian Movement, 3ª edición, p.705. Pasadena, CA: William Carey Library.

24. Citado en Zwemer, S. (1999). The Glory of the Impossible [La Gloria de lo imposible]. En R. Winter y S. Hawthorne (Eds.), *Perspectives on the World Christian Movement*, 3ª edición, p.315. Pasadena, CA: William Carey Library.

25. Piper, J. (2007). *¡Alégrense las naciones!: La supremacía de Dios en las misiones* (pp. 93-130). Viladecavalls, Barcelona: Clie. (Del original en inglés: Let the Nations Be Glad: The Supremacy of God in Missions. Grand Rapids, Michigan: Baker Books, 2010).

26. Citado en Tucker, R. (1983). *From Jerusalem to Irian Jaya* [De Jerusalén a Irian Jaya] (p.237). Grand Rapids, Mich.: Zondervan. Charlotte Diggs (Lottie) Moon nació en 1840 en Virginia y navegó hasta China como una misionera bautista en 1873. Ella es conocida no solo por su trabajo pionero en China sino también por movilizar a las mujeres de la Iglesia Bautista del Sur para la causa misionera.

27. Citado en *From Jerusalem to Irian Jaya* (p.277).

28. Elliot, E. (2007). *La sombra del Todopoderoso: la vida y el testamento de Jim Elliot* (p.19). Miami, FL: Editorial Vida. (Del original en inglés: Shadow of the Almighty:

The Life and Testament of Jim Elliot. Nueva York: Harper and Brothers, 1958).

29. Edwards, J. (1999). The Pleasantness of Religion [La amabilidad de la religión], en *The Sermons of Jonathan Edwards: A Reader* [Los sermons de Jonathan Edwards: un lector] (p. 19). New Haven, Conn.: Yale University Press.

ACERCA DEL AUTOR

JOHN PIPER es pastor de predicación y visión en la Iglesia Bautista de Belén, Minneapolis, Minnesota. Ha escrito más de cuarenta libros, entre ellos *Gracia venidera* (Origen, 2020) *Desiring God*, *God Is the Gospel*, *No desperdicies tu vida* y *Los deleites de Dios.* John y su esposa, Noel, tienen cinco hijos y doce nietos.